나는 언제나
늙기를 기다려왔다

THERE WAS AN OLD WOMAN :
Reflections on These Strange, Surprising, Shining Years
by Andrea Carlisle
Copyright © 2023 by Andrea Carlisle
All rights reserved.

This Korean edition was published by Woongjin Think Big Co., Ltd. in 2025 by arrangement
with Andrea Carlisle c/o Curtis Brown Ltd. through
KCC(Korea Copyright Center Inc.), Seoul.

이 책은 ㈜한국저작권센터(KCC)를 통한
저작권자와의 독점계약으로 ㈜웅진씽크빅에서 출간되었습니다.
저작권법에 의해 한국 내에서 보호를 받는 저작물이므로 무단전재와 무단복제를 금합니다.

There Was an Old Woman

나는 언제나 늙기를 기다려왔다

안드레아 칼라일 지음 | 양소하 옮김

목 차

프롤로그 당신도 머지않아 도달할 이곳에서 08

1
노화를 우아하게 받아들이는 법

나이 듦은 긴 산책이다 14
머리카락이 다 사라지면 그리워질 것 같다 30
나는 지구에 좀 더 오래 머물고 싶다 45
우리는 지금 어디에 있을까 58
두 번째 성년기를 맞으며 63

2
나는 나이 든 여자입니다

삶의 길이 88
왜 동화 속 할머니는 흉측할까 107
노년의 몸에 관하여 126
겨울의 이야기를 읽고 싶다 149

노년의 얼굴들　168

우리가 서로를 존중할 때　188

3
오래 살아야 보이는 것들

슬픔을 마주하는 힘　206

이젠 아무것도 당연하지 않다　218

당신 삶의 한 조각을 쥐고　232

엄마와 나, 우리가 둘이던 시절　243

그저 다가오는 대로 살면 된다　251

감사의 말　256

부록 노년을 주제로 다룬 소설들　259

발견

어슐러 르 귄

한 여자가 조각된 상자를 천천히 열어봅니다.
어두운 탑에 온 여자는
숨겨진 방과 그곳을 지키는 사냥개를 발견합니다.
녹슨 자물쇠를 따고 뻑뻑한 문을 여니
스탠드에 드리운 그림자 사이에 상자가 보입니다.
여자는 상자를 들어 올립니다.
아무것도 안 들어 있는 듯 가벼운 상자였어요.
난로 옆에서 그가 망설입니다.
"열지 마"라고 사냥개가 으르렁거립니다.
"상자를 열면 깨질 거야, 열면 꿈이 깨질 거라고!"
커튼에 수놓아진 공작새도 비명을 지릅니다.
여자는 숨을 고릅니다. 그리고 천천히 상자 뚜껑을 엽니다.
돌과 어둠이 사라져요.
남은 건 여자와 풀, 고요함, 그리고 빛나는 공기뿐입니다.

프롤로그

당신도 머지않아 도달할 이곳에서

나이가 들어 어쩌다 "이제 저도 나이가 들었죠."라고 말하면 사람들은 대개 이런 반응을 보인다. "아니에요, 나이 들지 않았어요!" 그들은 나이 든다는 게 반가운 일이 아니라는, 알게 모르게 묻혀 있던 속마음을 드러낸다. 그들에게 나이 듦은 먼 해안에서 바라본 너른 풍경이 아니라 항해에 실패해 길을 잃을지 모르는 어두운 바다다. 그들은 더 어린 경로로 다시 날 끌어당겨 구하려 애쓴다. 내가 그 길로 가고 싶지 않더라도.

    나는 늘 누군가의 사진이 담긴 목걸이, '소중한 내 딸 에블린에게, 입학을 축하한다. 사랑하는 엄마가.' 같은 글귀가 적힌 낡은 19세기 수필집, 손가락이 비칠 정도로 얇은 종이에 잉크로 쓴 편지, 늙은 개, 산, 강, 바다, 대초원 등 오래된 것들을 좋아했다. 그러니 누구든 오래된 것을 보면 내게 알려주길 바란다.

나는 지금 아주 오래된 의자에 앉아 이 글을 쓰고 있다. 친구 테레사의 증조할머니 마리가 앉던 의자다. 마리는 와이오밍의 한 목장에서 몇 마리 말과 개를 비롯해 사랑하는 동물들과 함께 살았다. 흔히 목장에 사는 여자는 거칠다고들 하지만 놀라우리만치 동물들을 사랑하는 마리는 부드럽고 다정했다. 마리는 일흔두 살이 되던 해에 넘어진 말에 깔려 골반이 부러졌고 두 번 다시 말을 타지 못할 거란 말을 들었다. 하지만 그는 다시 말을 탔다.

고된 하루를 마치고 현관 앞 의자에 앉아 초원과 목장 너머를 바라보며 좋아하는 위스키를 홀짝일 때 마리는 살아 숨 쉬는 모순의 집합체였다. 그는 다시금 혈관을 타고 흐르는 젊음의 물결을 느끼고 싶어 하는 동시에 세월이 자신을 어떻게 변화시키는지 점점 더 궁금해졌을 것이다. 가장 빨리 달리는 말을 타고 푸른 초원을 질주하는 게 얼마나 멋진 일인지 떠올리는 동시에 아마 풀잎처럼 조용하고 고요하게 앉아 있는 시간에도 엄청나게 만족했을 것이다.

많은 사람들이 그렇듯이, 그 역시 오랫동안 '심장_heart_'을 사랑에 대한 은유로 여겼을 것이다. 80대에 들어서며 심장마비를 겪고 나서야 비로소 그는 심장이 신체에서 혈액 순환을 담당하는 근육이라는 사실을 인식하게 됐을 것이다. 어떤 사람들은 심장 근육이 자기 역할을 잊어버릴 때, 즉 온몸에 혈액 펌프질하는 일을 실수할 때, 또 가끔 큰 한숨을 내쉴 때만 이 사실을 발견하곤 한다. 아, 겁내지 말기를. 젊은 로맨티시스트가 계속 사랑하는 법을 알기 위해 노력하는 것처럼 심장도 여전히 최선을 다한다고 말하고 싶을 뿐이니까.

심장의 복잡함을 진정으로 이해하는 나이가 되면 기분이 좋다. 심장, 즉 마음은 힘들게 얻은 교훈과 영원한 신비, 사랑, 평온함이 흐르는 작은 성당이다. 가끔 이 모든 걸 일찍부터 깨우치는 사람들도 있지만 대부분은 오래 살아야 깨닫는다.

이제 유령이 된 마리는 어쩌면 어린 시절 사랑한 개 마이크가 묻힌 잡초가 무성한 풀밭의 묘비 앞을 이따금 서성이고 있을지도 모른다. 가끔 내가 젊은 시절을 함께한 내 개들을 휘파람으로 불러 함께 오리건 해안을 따라 달리고 싶어 하는 것처럼, 그도 마이크의 무덤 옆에 잠시 앉아 집안일을 할 때면 온종일 발밑을 따라다니던 마이크를 다시 느끼고 싶어 할 것 같다.

우리는 한때 가졌지만 다신 가질 수 없는 능력과 더 이상 우리 곁에 없는 사랑하는 사람들을 그리워한다. 하지만 그리움은 지금 우리가 가진 것들을 부정할 이유가 되지 않는다. 내가 인생의 이 단계에 와 있다는 사실에 나보다 더 놀랄 사람은 없을 거다. 수백만 명이 그러하듯 나 역시 이 순간을 맞이하고 있다. 우리가 하는 말을 듣고 싶지 않다면 고개를 돌리되, 이 해안가에 있는 우리에게 어서 나오라고 말하려 들지는 말기를. 당신도 머지않아 이곳에 도달할 것이다. 결국 우리 모두 같은 방향으로 나아가고 있으니, 우리가 바라보는 곳에 이름을 붙이고 여기서 보이는 걸 말하는 건 지극히 당연한 일이다.

There Was an Old Woman

1

노화를 우아하게 받아들이는 법

나이 듦은 긴 산책이다

어느 날 내가 사는 하우스보트 정박소를 찾는다면 나이 든 여자 여러 명이 함께 산책로의 상류 끝으로 걸어가 나무 난간 위에 놓인 네 개의 하얀 돌 중 하나를 옮기려 잠시 멈춰 서는 모습이 보일 것이다. 그리고 이렇게 생각할지 모르겠다. 저들은 뭘 하는 걸까. 할머니들이 하는 일종의 의식인 걸까?

돌을 옮긴 여자들은 발걸음을 돌려 하류 끝으로 향했다가 다시 상류 쪽 난간으로 돌아와 두 번째 하얀 돌을 옮기기를 반복한다. 네 개의 돌이 모두 옮겨졌다면 3킬로를 걸었다는 뜻이다. 주차장에 깔린 자갈들 가운데 신중하게 고른 하얀 돌은 신성하지는 않지만 실용적이다.

날씨가 추우면 활기차게 걷고 더우면 여유롭게 걷는다. 어느 계절이든 이곳을 찾는 사람들은 이 여자들이 이야기를 나누며 웃는 모습을 자주 목격할 수 있다. 때때로 산책하는 사람 중 한 명이 다른 사람을 멈춰 세우고 하늘을 가리키거나 강을 내려다보며 흥미로운 것을 발견했다고 알리기도 한다. 물속에 무언가가 있다면 그 생물이 놀라지 않도록 속삭이듯 말한다.

오랜 시간 강가에서 살아온 이 여자들은 주목할 만한 일이 있을 때만 멈춘다. 때로는 시골 대문의 녹슨 경첩이 활짝 열릴 때 나는 소리처럼 끽끽거리는 푸른 왜가리의 비행이 펼쳐진 하늘을 바라보기 위해 잠시 고개를 뒤로 젖히기도 하지만 걷는 속도를 늦추지는 않는다. 왜가리는 산책로 양쪽 끝에서 규칙적으로 낚시를 한다. 그들은 공동체의 일부다. 발소리가 다가오면 강둑을 따라 덤불 속으로 뛰어드는 사향쥐는 별로 눈길을 사로잡지 못한다. 여러 해 동안 사람들은 몇 세대에 걸쳐 날개를 활짝 펴고 높은 말뚝에 앉아 축축해진 깃털을 말리는 윤이 나는 가마우지를 관찰해왔다. 그들은 이런 풍경을 당연하게 여기진 않지만 그렇다고 이걸 보려고 옮기던 걸음을 멈추지는 않는다.

이 강가에서 수달에 관한 새로운 사실은 있을 리 없지만 여자들은 여전히 수달을 지켜보는 걸 좋아한다. 강둑에서 놀고 있는 수달 가족을 관찰하기 위해 멈추기도 하고, 때로는 호기심이 생긴 새끼 수달이 여자들 가까이 다가오기도 한다. 여자들은 비단거북을 바라보거나 겨울에 태평양에서 물고기를 먹으러 오는 머리가 농구공만 한 외로운 바다사자를 목격하거나, 강둑을 따라 그늘진 미루나무 위쪽으로 비행하는 대머리독수리를 보기 위해 멈춰 선다. 사냥을 하려고 강 위를 빙글빙글 도는 물수리도, 나뭇잎이 잔뜩 달린 나뭇가지를 물고 산책로 근처를 헤엄치며 마치 여자들이 보이지 않는 것처럼 계속 하던 대로 행동하는 비버도 그들의 관심을 끌 것이다. 여자 한두 명이 마치 비버도 이웃인 것처럼 말을 걸면 비버는 늘 그러듯 수중 집을 짓는 이야기로 착각하고 "어, 어."라고 대답할 가능성이 높다. 이 대답은 너만의 집을 지을 재료를 찾아보라는 의미로 받아들여진다.

만약 방문객이 인내심을 가지고 오래 머물러 관찰한다면 (아마 경사로 꼭대기에서 잘 보일 것이다) 아래로 내려와 이 동네에 사는 지인에게 여자들 이야기를 꺼낼 수도 있다. 그 지인은 "아, 누구 말하는지 알아."라고 대답할 것이다. "그 할머니들 거의 매일 거기 있어."

의사들은 걷기가 혈압과 혈당 수치를 낮추고 체중을 유지시키며 기분을 좋게 하는 등 다양한 방식으로 건강에 도움이 된다고 말한다. 하지만 짧은 거리라도 움직여야 한다는 생각은 때때로 노인들에게 큰 도전처럼 다가온다. 그러나 함께 걷는다면 그리 어렵지 않다.

지금은 80대가 된 루는, 50대 때부터 나와 내 반려견 '분'과 함께 걷기 시작했다. 우리는 하우스보트 건너편에 있는 섬의 구부러진 길에서 분의 뒤를 따라 걸었다. 오후 늦게 출발하면 황혼이 내려앉은 가운데 출발 지점으로 돌아가는 내내 분의 밝은 흰색 털이 줄곧 우리 앞을 비추며 등대 역할을 해주었다.

분이 하늘나라로 떠나고 내가 하던 일이 바뀌면서 시간 맞추기가 어려워져 우리는 산책로를 바꿨다. 약 400미터 길이로, 공중에 떠 있으나 보도처럼 평평하고 한쪽 끝에서 다른 한쪽 끝까지 완만한 곡선으로 이어져 있다. 가끔 배가 흔들릴 때 따라 움직이지만 균형을 잃을 정도는 아니다.

60대인 줄리아는 약 5년 전부터 우리와 함께 걷기 시작했고 지금은 80대인 조안이 함께한다. 그러다 가끔 60대인 캐롤과 멜리사가 합류한다. 우리는 모두 사회복지사, 교사, 예술가, 작가, 애니메이터, 영화 제작자 등 다양한 일을 하며 하우스보트의 유지 관리와 이 안에서의 생활을 함께 책임진다. 여기에는 식료품을 포함해 목재나 기타 연료를 경사로 아래로 운반하고 재활용품과 쓰레기를 경사로 위로 운반하는 일이 포함되기도 한다.

줄리아를 제외하고는 모두 수십 년 동안 윌라메트 강가의 수로에서 살아왔다. 1970년도에 이곳에 온 나는 이제 다른 곳에 산다는 걸 상상할 수 없다. 루는 나보다 1년 먼저 이곳에 왔고 다른 사람들은 나중에 왔지만 모두 나와 같은 기분을 느낀다. 줄리아는 가장 최근에 이곳에 왔는데 이제 강과 태평양 북서부 날씨를 파악하는 데는 우리 못지않게 능숙하다. 조금이라도 걷기 좋은 날이면 서로 연락을 주고받아 시간을 정하고 컴퓨터나 다른 업무에서 벗어나 곧장 현관을 뛰쳐나온 다음 신선한 공기를 킁킁거린다. 그럴 때는 마치 동화『버드나무에 부는 바람Wind in the Willows』에 나오는, 봄맞이 대청소를 하다 "어, 바람이 불잖아!"라며 일을 제쳐두고 급하게 밝은 곳으로 뛰쳐나오는 두더지 같다.

운동을 다룬 일부 기사에서는 스마트폰 앱이나 그래프를 사용해 일일 활동량을 차트로 만들어보라고 제안한다. 유일하게 앱을 충실히 활용하는 조안이 주기적으로 멈춰 서서 스마트워치를 두드리고 또 두드린다. 그는 하루 목표인 1만 걸음에 도달할 때까지 계속해서 걷는다. 나머지 사람은 작고 하얀 돌들에만 충성을 바친다.

운동 관련 조언을 제안하는 온라인 사이트에서는 종종 '특정 연령대'의 일부 사람들이 소화하는 것보다 더 많은 것을 요구한다. 역기 들기, 스피닝 수업 듣기, 심장박동 뛰게 하기…. 아마 모든 사람이 더 오래 살고 싶어 한다는 가정 아래 한 제안일 것이다. 우리가 모든 면에서, 또 대부분의 방식으로 건강하고 경제적으로 문제가 없다면 수명을 연장할 방법을 찾는 게 좋은 생각처럼 보일 수 있지만 모든 노인이 점점 더 많아지는 시간을 반기는 건 아니다. 예를 들어 끊임없는 빈곤, 쇠약해지는 건강, 우울증, 치매, 극심한 외로움, 만성 통증을 겪고 있는 사람들에게 오래 사는 건 목표가 아닐 수 있다. 나이가 들면 우리 중 누군가는 더 오래 살 때 바람직하지 않은 일이 일어날 수 있다는 걸 깨닫는다. 장수를 위한 장수는 돈을 위한 돈이나 잘못 만난 사람과의 오랜 결혼 생활을 자랑하는 것과 같다.

나와 산책하는 이들은 대부분 건강한 선택을 하고 싶어 한다. 걷기도 그중 하나에 속한다. 그리고 우리 무리의 정신 건강과 긍정적인 마음을 유지하는 데 도움이 되는 건 걷기뿐 아니라 걷는 사람들의 커뮤니티라고 생각한다. 우리는 다른 모든 면에서 독립적이지만 함께하는 걸 좋아하는 여자들이기도 하다. 하지만 혼자서 수영을 즐기거나 카약, 카누를 타는 사람도 있다. 나 역시 혼자 산책을 할 때가 있다. 혼자 걸으면 머리가 맑아지고 여럿이 함께 걸을 때와 달리 차분한 사색의 시간을 가질 수 있어 좋다.

가끔 카메라를 들고 혼자 산책로를 걸으며 강에서 어떤 풍경을 포착할 수 있는지 살펴보고, 나중에 인스타그램에 사진을 업로드하거나 페이스북에 친구들을 위한 게시물을 올리기도 한다. 나는 소셜 미디어를 통해 만난 적은 없지만 존경하는 작가나 예술가, 사진작가와 같은 오랜 친구들과 소통하는 게 즐겁다. (페이스북에서 시인과 작가들이 작품을 추천해준 덕분에 평생 살면서 읽어본 적 없는 좋은 소설과 시를 많이 알게 됐다. 내겐 그야말로 축제였다.) 내가 찍은 사진 중 일부는 나중에 소셜 미디어에 업로드하기도 하지만 혼자 산책을 할 때 이런 네트워크를 생각하지는 않는다. 내 안의 점과 점을 연결하고 느슨한 끈을 매듭짓고 또 질문하고 감사하는 등 내면의 네트워크에 더 집중한다.

엄마 앨리스는 백 살까지 사셨고 엄마가 죽기 전 마지막 7년간은 내가 돌봐드렸다. 그래서 흔히 60세부터 생애 끝까지를 지칭하는 노년기가 사실상 40년까지, 혹은 그보다 더 오래 지속될 수 있다는 사실을 누구보다 잘 알고 있다. 사람들이 보통 '노년'이라고 하면 그보다 짧은 시기를 떠올리곤 하지만, 점점 더 많은 사람에게 이는 사실이 되고 있다. 아동기가 12세에 끝나니 아동기보다 무려 28년, 청소년기보다 33년 더 길며 20세에서 60세 사이의 기간과 같다.

혼자 산책로를 걸을 때면 떠오르는 질문들을 생각하느라 머릿속이 복잡해진다. 옛날처럼 깊게 파고들지는 못할지라도, 질문들에 답할 수 있는 삶이 이제 별로 남지 않았을 수도 있으니 조급해진다. 요즘 에너지를 너무 적게 쏟고 있는 건 아닌지 스스로에게 묻는다. 아니면 너무 많이 쏟고 있는 걸까? 한동안 연락하지 않은 친구가 누가 있지? 그 일은 정말 싸울 가치가 있는 걸까? 왜 특정 사람이나 주제가 계속 생각날까? 이런 생각을 통해 내가 깨닫거나 놓아주려는 건 뭘까?

이렇게 걸으면서 문제를 해결하거나 계획을 세우려고 노력하지만, 혼자 걷는다고 계속 생각만 하는 건 아니다. 다른 사람들과 함께 걸을 때보다 속도가 느려지며 날씨를 판단하는 게 아니라 날씨를 경험하려는 방식으로 계절에 주의를 기울인다. 얼굴에 스치는 얼음장 같은 바람을 느끼거나 더운 날 이마에 땀이 어떻게 맺히는지 알려고 노력한다. 맨손에 떨어지는 부드럽고 깃털같이 가벼운 빗줄기를 느끼며, 주차장을 가로질러 내 부츠가 웅덩이 물을 튀기는 소리를 듣고, 가장 깨끗한 공기로 내 폐를 가득 채워주는 숲속 길로 향한다.

동양에서는 숲에 들어가 휴식을 취하고 마음을 정화하는 걸 삼림욕森林浴이라고 부른다. '숲에서 하는 목욕'이라는 뜻이다. 오리나무, 더글라스 전나무, 사시나무, 미루나무, 단풍나무, 붉은 삼나무 등 40년 동안 보며 걸었던 나무들도 나와 함께 나이를 먹었다. 강변을 따라 산책로를 걷다가 최근에 강풍이나 폭풍우 때문에 나무 몸통에서 찢기고 높은 곳에서 떨어진 무거운 나뭇가지를 발견할 때면 안타깝다. 나무를 안아주지는 못하지만 속으로 고개를 끄덕이곤 했다. 이 숲의 생명력은 강하다. 가지를 잃는다고 생명력이 줄어들지는 않을 거다.

1970년대 후반에 왔을 때보다 강둑을 따라 걷는 길이 훨씬 빨리 끝난다. 길이 좁아지고 무성히 자란 나무들이 나와 더 오래된 나무들 사이를 가로막지만 그 나무들이 자신만의 공간을 갖는 게 싫진 않다. 집 가까이에 있는 이끼 낀 나무들 사이를 조금만 걸어도 나는 항상 나 자신에게 돌아가게 된다.

노년기가 오래 지속될 수 있다는 걸 알지만 언제 어떻게 갑자기 줄어들지 모른다는 것도 잘 안다. 물론 인생의 어느 때나 마찬가지이지만 노년기에 접어들면 그 인식이 더 날카로워진다. 어느 날 숲길에서 나와 걸어가는 동안 숲이 내 귀에 속삭인 것처럼 몇 가지 질문이 떠올랐고 정박소 부근에 이르렀을 때는 그 질문이 생생히 들려왔다. 하늘을 올려다보며 올해는 어떤 나무를 둥지로 선택할지 고민하던 독수리 한 쌍의 날카로운 휘파람 소리를 다시 들을 수 있을까? 길에서 얼마 떨어지지 않은 선로에서 나무 너머로 들려오던 기차 소리, 내 고요함을 방해하던 그 소리를 듣는 건 혹시 이번이 마지막일까? 나는 경사로 꼭대기에 있는 서향나무의 우아한 향을 맡기 위해 몸을 기울였다. 몇 번이나 내가 이렇게 향을 맡았을까? 또 궁금했다. 난 앞으로 이 향을 몇 번이나 더 맡을 수 있을까? 강변의 작은 나무에 달린 무화과나 울타리에서 따 바로 입에 집어넣던 7월의 블랙베리는 앞으로 몇 번이나 더 먹을 수 있을까? 아니면 더운 날 경사로를 걸어 내려갈 때 강에서 올라오던 시원한 공기의 상쾌함은 몇 번이나 더 느낄 수 있을까? 선두에 선 엄마 거위와 맨 끝에서 따라오는 아빠 거위 사이에서 보송보송한 황금 실타래처럼 늘어선 새끼 거위들을 얼마나 더 볼 수 있을까? 강둑을 따라 붉게 물든 옻

나무는 어떨까? 봄이 되면 방파제 통나무 사이에서 피어나는 물봉선화와 물붓꽃, 집 앞 뗏목 가장자리의 딸기나무 아래에 웅크리고 있는 고양이 라일리를 난 몇 번이나 더 볼 수 있는 걸까?

나는 주의를 기울여야겠다고 다짐했다. 덤불 속 검은 새들의 고음이 울려 퍼진다. 잘 들어야지. 두 덩어리의 공작고사리 사이로 거미집 공사가 한창이다. 잘 보아야지. 빨간 튤립 옆 벤치에 앉은 여든세 살인 이웃 팀이 하는 손짓은 같이 잠깐 대화를 나누자는 초대장이다. 가서 앉아야지. 세월이 흐르고 많은 사람이 흘러가는 시간의 흐름에서 빠져나와 일상의 소란스러움에서 벗어난 지금, 우리는 함께 모여 하루를 보내는 것만으로 자신이 누구이고 어디에 있으며 무엇을 가졌는지, 또 우리에게 무엇이 아무런 대가 없이 주어지는지 확인할 수 있는 시간이 생겼다.

조만간 모든 일이 끝날 거라고 생각하는 게 병적인 걸까? 아니, 난 그렇게 생각하지 않는다. 지극히 현실적인 생각이지 않을까. 곱씹을 필요는 없지만 내가 이제 70대가 된 걸 감안하면 자신이 현실을 인식하고 있다는 게 감사할 따름이다. 평생을 살아온 건 더 말할 것도 없고. 여기에 온 것만으로도 내가 가진 행운에 감탄하게 된다.

나와 내 이웃은 밖에 있고 싶어서 운동을 하러 나간다. 집 밖이 우리 삶의 필수 요소가 아니었다면 우리는 이곳에 살지 않았을 거다. 바깥 생활, 즉 야외 생활의 모든 게 하우스보트 정박소에 있다. 물건을 수납하거나 앉아서 쉴 때 요긴한 갑판은 여러 척의 카누와 카약으로 뒤덮여 있다. 이곳은 새를 관찰하거나 패들보트나 보트에 탈 때, 또 수영하려고 강으로 뛰어들 때 쓰는 공간이기도 하다.

모두가 다 나 같진 않을 것이다. 그렇지만 밖이 나를 부르는데 내가 무슨 힘이 있을까. 중서부에서 보내던 어린 시절에 나는 가능한 한 바깥에서 살았다. 이제 신선한 공기를 마시러 한 번이라도 일부러 바깥에 나가지 않는다면 뭔가 잘못된 삶을 사는 것 같다.

반면 엄마는 성인이 된 뒤 대부분의 시간 동안 바깥에 나가는 걸 꺼렸다. 엄마는 정성스럽게 빗은 머리카락 사이로 바람이 불면 불안해하며 손으로 머리카락을 보호했다. 옷에 땀이 난다고 더운 걸 좋아하지도 않았다. 아빠가 정원에서 땅을 파는 동안 엄마는 집 안에 머물면서 집안일로 분주하게 지냈고 아빠가 꽃병에 꽂을 작물과 탐스러운 분홍색 모란을 가져오면 기뻐했다.

오랫동안 나는 엄마가 평생 실내에서만 생활했을 거라고

생각했다. 하지만 노년 끝자락에 내 근처로 이사 온 엄마가 자기 어린 시절에 관해 이야기해주었다. 엄마가 들려준 이야기에는 작은 다코타 마을의 흙길을 맨발로 뛰어다니며 다섯 자매와 남동생과 함께 전원의 냄새를 맡고 풍경을 보고 풀밭을 밟던 시절, 대초원을 오르내리고 뛰고 달리고 탐험하던 어린 시절이 있었다. 그때 나는 어른이 된 여자로서 집 안에 머무른 그 세월이 엄마의 진정한 본성과는 정반대였다는 걸 깨달았다. 또 피부 위의 내리쬐는 햇볕보다, 얼굴에 불어오는 산들바람보다, 광활한 하늘에 벅차오르는 가슴보다, 물리적 존재로서 가진 가장 깊은 내면의 목소리처럼 그저 움직이는 게 기분 좋다는 이유만으로 움직여, 움직여, 움직이라는 속삭임에 반응해 쭉 뻗은 다리보다, 이 모든 것보다 각자의 아름다움과 깔끔함을 더 소중히 여기라는 말을 들은 수백만 명의 여자가 사기를 당했다는 사실도 알아차렸다.

　다른 소녀들과 여자들은 다른 경험을 했을지 모르지만 중서부의 작은 마을에서 나와 엄마가 받은 메시지는 그 내면의 목소리를 무시하라는 거였다. 예를 들어 엄마가 다닌 고등학교와 내가 다닌 고등학교 둘 다 8학년 이후에는 여학생들을 위한 체육 수업이 없었다. 중서부 문화에서 내는 목소리는 크고 명확하게 다가왔고 자세한 설명은 필요 없었다. 제공되는 모델과 표현되는 가치를 고려할 때 우리가 자기 위치를 이해하는 데는 긴 시간이 걸리지 않았다. 집 안에 머물면서 가능한 한 수십 년 동안 매일 반복되는 가사 노동을 할 때만 몸을 움직이라는 뜻이었다.

세상에 만연한 통념을 거부하고 자신이 원하는 경험을 선택한 여자들은 항상 존재했다. 친구 패트리샤는 일흔한 살에 마흔한 번째 마라톤을 완주했다. 10대 시절 올림픽 선수로 활약한 70대 캐롤린은 평생을 활동적으로 살아왔다. 그는 지난 10년 동안 순례길을 두 번 걸었고 앞으로도 다시 걸을 예정이다.

젊은 여자들은 산악자전거를 타고, 야생에서 혼자 캠핑을 하기 위해 도보로 걷고, 마을 수영장에서 몇 바퀴나 수영을 하고, 크루 팀과 함께 노를 젓고, 스카이다이빙을 하는 등 다양한 야외 활동에 참여하고 있다. 점점 더 많은 기성세대 여자가 이런 신체적 활동의 물결에 동참하고 있다. 하지만 내 또래의 여자들은 가장 기본적인 수준의 운동조차도 여전히 어렵다고 말한다.

놀라운 일은 누구에게나 일어난다. 포틀랜드에 온 엄마는 자주 밖으로 나갔다. 자랄 때의 주변 환경과는 다른 나무와 꽃들이 엄마를 끌어당겼다. 엄마는 매일 스쿼트를 하며 혼자서 계속 걸을 수 있을 만큼 튼튼해지려 노력했다. 하루에 100개였던 목표를 90대 후반이 되어서도 달성했다. 엄마는 안락의자에 누워 하루에 100번씩 다리를 들어 올렸다. 침대에서 일어나기 전에는 몸에 피가 돌게 하는 몇몇 동작을 하기도 했다. 저 사람이 내가 알던 엄마가 맞나 싶기도 했다. 우리 중 가장 나이가 많은 사람에게도 변화가 일어난다는 사실이 놀라웠다. 항상 강인했던 엄마는 이제 내가 예상하지 못한 방식으로 결연히 활동하기 시작했다. 내게 엄마는 나이가 들면서 새로워질 수 있다는 걸 보여준 사람이었다.

때로는 매일 걷는 것 같은 작은 변화에도 마을 전체가 힘을 합쳐야 한다. 함께 걸을 수 없었다면 정박소에 사는 몇몇은 그렇게 많이 걷지 못했거나 아예 걷지 않았을 것이다. 쏟아지는 빗속에서 걷는 게 항상 즐거운 건 아니지만, 또 여름의 찌는 더위 속에서 외출하는 건 더 힘들지만 저녁 식사를 마친 뒤 외출하면 해낼 수 있었다. 여름에는 가끔 경사로를 따라 올라가 거대한 나선형의 꽃밭과 채소들이 자라도록 늘어선 밭이 있는 커뮤니티 정원을 방문한다. 7월과 8월에는 블랙베리 덤불 근처에 있는 작은 불상을 둘러보고 해 질 녘에는 열매를 따러 가기도 한다. 커다란 요거트 그릇 한두 개에 검고 통통한 열매를 가득 채울 때까지 서성댄다. 물론 혼자서 열매를 따 먹을 수도 있지만 함께 따는 일이 더 즐겁다.

여름 산책로에 머물기로 마음먹는 날이면 해 질 녘의 짙은 열기와 박쥐들의 시간 사이에서 느린 속도로 움직인다. 8시 30분쯤이면 박쥐들이 하우스보트 사이로 몰려들어 모기를 게걸스럽게 잡아먹으며 강을 따라 유유히 돌아다니기 시작한다. 때때로 박쥐들은 나방을 입안 가득 넣기 위해 선착장 조명으로 날

아오르거나 거미줄에 걸려 있는 모기 수십 마리를 잡아먹기도 한다. 모기를 없애주는 게 고맙긴 하지만 박쥐들은 너무 많은 데다 빠르고 사방에 널려 있다.

어둠이 일찍 찾아오는 가을과 겨울에는 태평양 북서부의 적당히 내리는 폭우 속에서도 산책로를 따라 걷는 경우가 잦다. 눈이 내릴 때 걷거나 길 건너편 숲이 우거진 언덕을 덮은 눈을 감상하기 위해 경사로를 여러 번 올라갔다. 정박소 주차장으로 사용되는 넓은 땅을 한 바퀴 돌고 또 돌았다.

봄이 기지개를 켜며 낮이 길어지자마자 경사로 꼭대기에 있는 땅이 다시 손짓해온다. 배나무와 무화과나무, 보라색 붓꽃과 주황색 튤립이 처음으로 꽃망울을 터뜨리고 무게감 있는 하얀 동백과 진홍색 진달래꽃, 주차장 강변의 긴 잔디밭에 심은 수선화와 장미꽃으로 우리는 서로를 데려다준다.

거의 매일 정박소에서 하는 산책은 유산소운동이 될 때도 있지만 늘 그런 건 아니다. 한 명이 산책로나 육지에서 만날 시간을 정해 메시지를 보내면 그 메시지를 받는 사람이 단순히 몸을 움직이는 것뿐이다. 이러한 산책을 통해 우리는 신선한 공기를 마시며 서로의 삶으로 들어간다. 동네에서 일어난 사건, 병에 걸린 이웃의 건강 상태, 크고 작은 개인적인 문제, 강의 수위, 다가올 날씨나 지나간 날씨, 예술과 책, 영화, 정치에 관해 이야기한다.

우리는 저마다 시시포스처럼 자신의 돌을 밀어 올리며 오르막길을 오르고 있을지 모른다. 그러니 함께하자. 함께라면 더 즐겁게 밀 수 있을 것이다. 남은 인생의 대부분이 앞이 아닌 뒤에 있다는 걸 알지만, 그렇다고 해서 그 사실이 우리가 오늘의 걷기 목표에 도달할 때까지 하나씩 차례차례 하얀 조약돌을 옮기는 일을 막을 수는 없다.

갈 때마다 우리는 정박소 한쪽에서 지내는 삼색 고양이 체스카와 상류 경사로 근처 산책로의 한가운데에 누워 있는 걸 좋아하는 열네 살 된 시츄 라사를 쓰다듬기도 한다. 가끔 세탁실 창문에 자리 잡고 앉아 우리가 지나가는 모습을 지켜보던 라일리가 그 몇 초 동안의 행렬을 놀랍고 흥미로운 듯 눈에 담는 모습이 보인다. 또 그 사람들이야! 잠깐! 어딜 가고 있는 거지?

"나이 듦은 긴 산책 같은 거지." 나는 라일리에게(그리고 흥미로워하는 방문객에게도) 이렇게 대답하곤 했다. 힘이 닿는 한 우린 걷기를 멈추지 않을 것이다.

머리카락이 다 사라지면 그리워질 것 같다

학교에 들어간 첫해, 매일 아침 엄마는 날 욕실에 붙잡아놓고 나의 '대머리 반점'을 가려주려고 했다. 의사는 내가 태어날 때부터 있던 점이라고 했지만 우리 가족은 수술 도구로 생긴 상처라고 주장했다. 내 머리카락은 굵고 풍성했지만 정수리에 거의 원형에 가까운 하얀 반점이 있었다. 둘레가 탁구공보다 조금 더 큰 그곳에는 머리카락이 한 번도 자라나지 않았다.

 나는 도마뱀처럼 벽에 달라붙으며 엄마의 빗질에 맞서 싸웠다. 평소에는 말 잘 듣는 순종적인 아이였지만 머리 손질만큼은 참을 수 없었다. 반점 부위는 아프지 않았지만 실랑이 끝에 결국 엄마가 날 밀어 거울 앞에 세우는 순간에는 최후의 수단으로 종종 울어버리기도 했다.

엄마는 주변 머리카락을 활용해 반점을 숨기려고 애썼다. 마치 전쟁에 임하는 장군처럼 자신의 무기고에 모든 걸 배치했다. 무기는 머리핀과 실핀, 클립, 고무줄(그때는 스크런치나 화려한 헤어밴드도 없었다)이었다. 욕실 거울에 비친 초조한 엄마의 얼굴을 올려다보다가 그 얼굴이 승리의 빛으로 상기되는 순간 곧 내 시련도 끝이라는 걸 알 수 있었다. 엄마는 기어코 하루 더 탈모 범위가 눈에 띄지 않게 하는 데 성공했다. 그제야 비로소 나는 자유로워졌다.

조심스럽게 말하자면 나는 내게 결함이 있다고 느꼈다. 두 남자 형제의 두피에는 넉넉한 양의 머리카락이 빼곡히 덮여 있었다. 그들은 욕실에서 머리핀으로 찔리는 일도 없었다. 내 또래 여자아이들의 머리카락은 요정의 긴 머리채처럼 바람에 흩날렸다. 놀이터에서 그네를 타서 높이 올라가면 머리카락도 함께 높이 펄럭였고, 달리거나 깡충거리며 뛰어다닐 때는 공기 속에서 흩날렸다. 하지만 내 머리카락은 늘 하나 이상의 장치로 고정되어 있어 자유롭게 흩날리지 못했다. 이 무렵 나는 처음으로 영화를 보았다. 〈삼손과 델릴라 Samson and Delilah〉라는 영화였다. 관람료는 단 5센트였는데 일곱 살 난 형제 마이클이 구슬치기로 모은 동전 꾸러미를 가지고 있는 덕분에 세 번이나 볼 수 있었다. 우리는 매번 둘이서만 시내에 있는 영화관으로 향했다.

어두운 극장 안에서 바닥에 못 미치는 발을 달랑거리며 나는 머리카락에 신비롭고 위대한 힘이 깃들어 있다는 걸 알게 되었다. 풍성한 머리카락을 지닌 삼손은 맨손으로 건물도 무너뜨릴 수 있었지만 델릴라에 의해 머리카락을 잃어버리고는 무력해졌다. 남 일 같지 않아 안쓰러운 마음이 들었다. 그리고 델릴라를 보며 나는 엄마를 떠올렸다.

아홉 살 때 처음으로 파마를 했고 물결 같은 머리카락으로 얼굴을 둘러쌌다. 두피의 중요한 어두운 그늘을 덮기 위해 땋은 머리 한 가닥을 단단히 묶어놓았다. 그 무렵 엄마는 더 이상 그걸 대머리 반점이라 부르지 않았다. 그 대신 그냥 '점'이라고 불렀다. "이리 와봐. 네 점 좀 가리자."라고 말하는 식이었다. 욕실 벽에 도마뱀처럼 달라붙던 시절은 이제 끝난 거였다. 나는 이제 누가 내 머리카락을 통제하고 있는지 알게 되었다.

파마를 하고 얼마 지나지 않아 부모님은 친척에게 돈을 빌려 점을 아예 없애는 수술을 받게 해주었다. 어느 이른 아침 우리는 작은 마을을 떠나 대도시 미니애폴리스로 향했다. 병원에 입원한 기억은 없지만 어떤 남자가 하얀 침대 위에 날 눕히고 하얀 복도를 따라 하얀 방으로 데려다줬던 것 같다. 머리부터 발끝까지 온통 검은 옷을 입은 여자 셋 중 한 명이 내 얼굴에 냄새가 고약한 가스 마스크를 씌웠고 나는 끝없이 깊은 곳으로 가라앉았다.

수술이 끝난 뒤 내 머리에는 단단한 붕대가 감겼고 아마 몇

주 동안 그곳에 머물렀던 것 같다. 그 가려운 흰 헬멧을 쓴 채로 하루하루가 흘러갔다. 헬멧 밑에서는 오른쪽 눈 바로 위의 이마 헤어라인을 따라 상처가 곪았다. 곪은 자리는 다른 모든 부위를 합친 것보다 더 가려웠다.

엄마는 감염이 생길 거라고 생각하지 못했던 것 같다. 마침내 병원에서 붕대를 떼어냈을 때 보기 흉하고 고름 가득한 상처를 보고 충격을 받은 듯 보였다. "걱정하실 필요는 없어요."라고 의사가 말했다. 그는 곧 딱지가 앉아 사라질 거라고 덧붙였다.

그의 말처럼 정말 딱지가 앉았지만 대신 흉터가 남았다. 수술로 반점 크기가 조금 줄어들었긴 하나 열 살이 된 나는 여전히 머리 두 곳에 머리카락이 나지 않았다. 하지만 새로 생긴 부위는 더 작아서 앞머리로 쉽게 가릴 수 있겠다고 엄마가 말했다. 그리고 앞머리를 직접 잘라주었다.

마침내 나는 내 머리카락을 스스로 관리할 기회를 얻었다. 대학에 들어간 뒤 1960년대를 살던 미국 여대생들처럼 머리카락을 길게 기르고 가운데로 가르마를 탔다. 그 머리카락의 순수한 무게가 내 머리카락이 없는 부위를 가려준다는 사실이 기뻤고, 그래서 잊을 수 있었다. 졸업할 무렵에는 아침마다 손거울로 뒷머리를 확인하는 습관도 완전히 사라졌다.

20대의 어느 날 나는 머리를 아주 짧게 잘랐다. 외모에 신경 쓰지 않고 단순하게 살고 싶어서였다. 적어도 한동안은 그 무심함이 효과가 있었다. 하지만 임시로 사무실에서 일하기 시작하면서 다시 매일 점을 확인하는 습관이 생겼다. 직장 동료들이 아무렇지도 않게 "뒤통수에 있는 그건 뭐예요?"라고 물었기 때문이다. 나는 탈모 부위를 감추는 데 매우 능숙했다. 이제 욕실 거울 속에서 승리의 표정을 짓고 있는 사람은 엄마가 아니라 나였다.

수년 동안 나는 이 탈모 부위가 드러나든 드러나지 않든 어쩌다가 신경 쓰는 정도로 지냈다. 질문에 신경이 쓰이거나 가끔 마취제까지 나오는 그 이야기를 하고 싶지 않을 때는 그냥 가렸다. 나이가 들수록 언젠가는 마지막 남아 있는 허영심마저 사라지고 더 이상 전혀 신경 쓰지 않는 날이 올 거라 확신했다. 하지만 나는 결국 우리 엄마의 딸이었다.

예순 살쯤 되었을 때 미용실에서 헤어 파우더라는 걸 알게 되어 탈모 부위를 가려야 할 것 같으면 그 마법 파우더를 조금씩 발랐다. 자리가 완전히 사라지지는 않았지만 어느 정도 주변과 어우러져 가려졌다. 그리고 일흔다섯 살이 되자 큰 변화가 찾아왔다.

////////

나이가 들면 누구나 그렇듯 내 머리카락도 점점 가늘어지고 있었지만 원래부터 나는 숱이 많았고 머리가 회색으로 변한 뒤에도 제법 굵은 머리카락이 남아 있었다. 평생 유지했던 짙은 색이 은색과 흰색으로 바뀌는 걸 보니 가볍게 넘기기가 어려웠다. 거울에 비치는 그 생소한 색이 내게 피할 수 없는 죽음을 속삭이는 것 같았다. 애써 무시하려 했지만 그냥 놀라운 정도가 아니었다. 뒤이어 갑작스럽게 찾아온 대량의 탈모 때문에 나는 당황스러웠다. 무엇보다도 실망스럽고 놀라웠던 건 이미 완전히 머리카락이 없던 정수리 부근도 상태가 안 좋아졌다는 점이었다. 탈모 부위가 퍼지기 시작했고 이제 파우더로는 감출 수 없는 지경이었다. 바르면 그저 파우더 바른 티가 날 뿐이었다.

사람은 누구나 하루 종일 머리카락이 빠진다. 나도 폐경기 쯤에 탈모량이 조금 늘어난 걸 발견했지만 그 뒤로는 안정화되었고 정상적인 성장과 탈락 주기로 되돌아가 20년 동안 큰 문제 없이 유지되었다. 나이가 들면서 머리카락도 가늘어질 거라고 예상했지만 두피에서 두 가닥씩 빠지다가 이제 다섯 가닥씩이나 빠지는 걸 보게 될 줄은 전혀 생각하지 못했다. 한동안은 코로나 때문에 스트레스를 받아 그렇게 된 거라고 생각했는데 어느새 열 가닥씩 빠지기 시작했다. 그것도 매일 그랬다. 나는 생각했다. 그래, 난 나이가 들었잖아. 스트레스도 받고 있고. 그래도 이건 뭔가 이상한데?

엄마도 90대에 접어들면서 상당한 양의 머리카락이 빠졌지만 그건 서서히 진행되었다. 어느 날 엄마는 가발을 쓰고 머리카락 걱정을 하지 않기로 했다. 하지만 나는 일흔다섯 살이었다. (솔직히 말하면 '겨우 일흔다섯'이라고 말하고 싶지만 특정 연령의 사람들만 그 의미를 이해할 테고 그들은 모두 나와 같은 나이이거나 더 나이가 들었을 것이다.)

나는 집 안 곳곳에서 머리카락을 발견하기 시작했다. 샤워실 바닥에 엉켜 있거나 옷이나 부엌 조리대, 소파, 침대 시트, 노트북, 자동차를 포함한 온갖 바닥과 표면에 널브러져 있었다. 7월 중순을 맞이한 고양이처럼 털이 빠지고 있었지만 그때는 한겨울이었다. 팬데믹이 일어나고 처음 맞이하는 겨울이기도 했다. 아직 백신은 존재하지 않았다. 머리카락 문제로 차를 몰고 의사를 찾아가 봐달라고 해야 했지만 이게 그렇게까지 해야 할 문제인가 하고 별거 아닌 것처럼 생각했고 동시에 엘리베이터와 대기실, 좁은 진료실, 그리고 의사가 두려웠다.

그 부위는 점점 더 넓어졌다. 한때는 굵은 머리카락에 가려져 있던 분홍색 두피가 점점 더 가늘어지는 머리카락 사이로 들여다보이기 시작했다. 평생을 나와 꼭 붙어 함께하던 머리카락이 이제 날 떠나려 할 뿐 아니라 머리카락의 무게와 윤기도 변하고 있었다. 강인했던 머리카락은 점점 힘을 잃어갔고 몇 달 뒤 어느 날 아침에 일어나 거울을 보니 대부분의 머리카락이 거미줄처럼 가늘어져 있었다.

백신 덕분에 팬데믹 격리에서 해방되어 친구들과 안전하게 만났을 때 많은 친구가 내 탈모에 관해 언급하지 않는 걸 눈치챘다. 성인이 되고 나서 내내 나와 머리카락을 주제로 열렬히 토론하던 오랜 친구들조차 내가 먼저 말을 꺼내야만 반응했다. 하지만 그러면서도 내가 핑크빛이 도는 내 머리를 손가락으로 가리키면 부인했다. 그들은 손을 뻗어 내 머리카락을 만지면서 이 거미줄같이 지저분한 걸 "매끈하고 부드럽다."라고 말했다. 친구들은 내게 나이가 들면 머리카락이 빠지는 게 지극히 정상이라고도 말했다. 멋져 보여! 괜찮아 보이는데?

나는 이 친절한 가스라이팅이 내 기분을 나아지게 하려는 노력이라고 생각했다. 친절한 의도였는지는 모르겠지만 나는 혼자 이 문제를 해결해야 했다. 내겐 더 많은 것이 필요했다.

나는 과학을 이용해 다시 친구들에게 말을 걸었다. 이 지구상에 사는 모든 사람의 머리에서는 하루에 75개에서 100개 사이의 머리카락이 빠지는데 나는 하루에 150개에서 200개가 빠지고 있다고 말했다. 그리고 그건 정상 범주에서 벗어난 수준이며 노년층의 정상 범주에도 속하지 않는다는 말을 덧붙였다. 이 사실을 설명하자 친구들은 내가 왜 걱정하는지 이해했다. 하지만 여전히 난 결국 피부과 전문의와 상담을 하게 되었다고 말하는 게 조금 부끄러웠다.

피부과 의사는 내 탈모가 나이와는 관련이 없다고 말했다.

두피가 염증으로 손상된 상태여서 피부염이 원인일 수 있다고 했다. 또 내가 거의 1년 동안 채식을 하고 글루텐 프리 식단을 유지한 것도 영향이 있을 수 있다고 했다. 의사는 내게 무엇을 먹는지 물어본 뒤 단백질 섭취가 부족하다고 경고하듯 단호히 말했다. 우리는 팬데믹이나 조마조마했던 대통령 선거, 선거 후유증 등 스트레스에 관해 이야기를 나누었다. 극심한 스트레스는 머리카락이 잘 자라지 못하게 한다. 또 비가 많이 오는 오리건에 사는 것도 분명 도움이 되지 않았다. 나는 지난 1년간 실내에서 너무 많은 날을 보냈다. 덕분에 내 비타민 D 수치는 전에 했던 정기 검진 수치보다 급격히 떨어져 있었다. 높은 스트레스와 낮은 비타민 D 수치, 낮은 단백질 수치. 의사는 이 조합이 좋지 않다고 했다.

 의사는 탈모 부위에 관해서는 별다른 말을 하지 않았지만 그 주변에 머리카락이 없는 구역, 분홍색 부위에 대해 '파괴'라는 단어를 사용했다. 그는 마취를 하고 두피 일부를 소량 채취해 어떤 기저 질환이 원인인지 확인했다. 나는 수술용 칼이 머리에 닿는 동안 가능한 한 침착하려고 애썼고 세 번째로 머리의 흉터가 생길 것을 각오했다.

 수술 의자에 앉아 있는 동안 이 '파괴'에 관해 생각했다. 델릴라가 삼손의 아름다운 검은 머리를 잘라냈을 때 했던 것과 비슷한 행동을 나도 나 자신에게 한 건 아닐까 싶었다. 팬데믹이 시작되기 전 채식과 글루텐 프리 식단을 추천했지만 정작 무얼 먹어야 할지 정확히 알려주지 않은 자연요법사도 영향을 미친 것 같았다. 하지만 억울하다고 생각하지 않는다. 그 자연요법사는 날 잘 몰랐을 테니까. 나는 요리와 음식에 별 관심이 없어 단백질 섭취를 따로 챙길 생각조차 하지 못했다.

젊은 피부과 의사는 내 두피를 봉합한 뒤 새로 생긴 상처를 어떻게 치료해야 하는지 말해주었다. 그리고 매일 아침 머리에 발라야 할 제품에 관해 이야기했다. 몇 가지 부작용을 생각해보면 썩 내키지 않았다.

복도로 걸어 나가면서 문득 생각했다. '엄마라면 오늘 의사를 찾아온 걸 잘했다고 해주셨을 거야.' 그 당시는 엄마가 세상을 떠난 지 5년이 된 때였다. 나는 엄마가 근처 요양 시설에 있을 때 나눈 대화가 떠올랐고 새삼 엄마가 그리워졌다. 가발을 쓰기 전이던 90대의 엄마는 어느 날 아침, 욕실 거울 앞에서 머리를 빗으며 점점 더 답답해하고 있었다. 나는 엄마 뒤에 서서 머리 뒷부분을 살피며 도와주려 애썼다. 엄마는 눈에 보이는 두피 부분을 모두 가리려면 남아 있는 적은 양의 흰머리를 최대한 넓게 퍼뜨려야 한다고 말했다.

"근데 이제 더는 아무것도 효과가 없어." 엄마가 말했다. "내가 불쌍해지기 시작했어. 그러니까 네가 평생 견뎌온 일들이 떠오르더구나." 엄마는 동정 어린 표정으로 고개를 흔들었고 거울 속에서 나와 눈을 마주쳤다.

　수십 년간 반복해 들은 이야기라도 새로운 정보가 들어오면 뜻밖의 방향으로 흘러가기도 한다. 어떤 새로운 진술이 새로운 방향으로 상황을 키우면 순간적으로 혼란스러워지고 그러면 자신에 대해, 또 내가 생각한 것보다 더 가까이 있고 소중한 사람들에 관해 더 명확하게 생각하게 된다. 욕실에서의 투쟁은 한때 내가 엄마와 사이가 좋지 않았다는 말을 설명할 때 꺼내는 이야기였다. 가능한 한 빨리 엄마와 멀리 떨어진 곳에서 살기로 결정했지만 엄마가 노년에 나와 가까이 살기 위해 포틀랜드로 이사하면서 모든 게 달라졌다. 덕분에 서로가 달라서 불편했던 관계를 치유할 기회를 맞이했고 우리는 그 기회를 최대한 활용했다.

　그날 아침 엄마는 안락의자에, 나는 소파에 앉은 상태로 함께 있었다. 이미 서로를 받아들이는 데 큰 진전을 이룬 상태였다. 우리는 오래전 욕실 사건이 갈등 관계의 출발점이라고 생각했다는 이야기를 했다. 엄마는 자신이 본 거울 속 모습을 이렇게 표현했다. "넌 감당하기 힘든 애였어." 그래서 나는 이렇게 말했다. "엄만 날 통제했어." 우리 둘 다 수년 동안 여러 사람에게 상대에 관한 이야기를 몇 차례 들었지만 그때 엄마는 내가 전혀 몰랐던 이야기를 들려주었다. 엄마는 머리카락을 둘러싼 욕실에서의 싸움이 어떻게 시작되었는지 내게 설명해주었다.

　내가 1학년이 된 지 얼마 지나지 않은 어느 날, 엄마는 내가 마이클의 보이스카우트 모자를 쓰고 학교에 가기 시작했다는 걸 알아차렸다고 했다. 엄마는 왜 그러는 건지 이유를 물었고, 내가 "애들이 머리카락이 없다고 놀려. 모자를 쓰면 놀리지 않아."라고 대답했다고 한다(나는 기억나지 않는다). 그때 엄마는 딸이 괴롭힘을 당하지 않도록 머리를 가려줘야겠다고 결심한 거였다.

엄마에게 내 관점에서는 머리를 잡아 뒤틀고 핀으로 찌르는 모든 게 고문처럼 느껴졌다고 설명했다. 나는 엄마가 내 끔찍한 실수를 고치려 하는 행동이라 생각했었다. 놀림당하고 있다는 걸 엄마에게 말한 기억이 전혀 없으니 엄마가 괴롭힘을 막으려 결심한 걸 알 턱이 없었다.

내가 먼저 한숨을 쉬었고 이어 엄마도 똑같이 한숨을 내쉬었다. 우리 사이에 있던 내 어린 시절의 상처가 아무는 순간이었다. 만약 내가 다섯 살이었고 평생 모자를 쓰고 살자고 체념했고, 또 엄마가 서른다섯이었고 그것에 단호하게 반대했을 때 이런 대화를 나눴다면 우리에게 큰 도움이 되었을 것이다. 하지만 1950년대에는 이런 대화를 나누지 않았다. 만약 우주선이 착륙하고 외계인이 집으로 직접 찾아와 우리에게 대화와 소통이 정말 중요하다고 말해주었대도, 그때 당시의 그 통념에 변화라곤 없었을 것이다.

〃〃〃〃〃〃〃

    몇 년 전 떠돌이 고양이 한 마리를 구조했을 때의 기억이 떠올랐다. 털이 윤기 없이 버석거리는 데다가 자기 털을 물어뜯기까지 해서 하얗게 속 피부가 드러나 있는 고양이의 모습에 마음이 아팠다. 우리 집에 와서 어느 정도 시간이 흐르자 '라일리'라고 이름 붙인 이 고양이의 스트레스는 사라졌다. 그러면서 자연히 라일리의 털 물어뜯는 습관도 고쳐졌다. 그렇게 고양이는 활기 넘치고 편안한 모습을 되찾을 수 있었다. 결국 털은 다시 자라났고 라일리는 전반적으로 훨씬 더 건강해졌다. 빈 곳 없이 풍성해진 털 덕분에 다른 고양이처럼 자신감이 넘쳐 보였고 라일리도 자신이 건강해진 걸 느끼는 것 같았다.

    삼손이 처음으로 생사의 문제가 달린 털에 관한 걱정이 결코 만만히 볼 게 아니라는 걸 알려준 사람일지 모르지만, 라일리의 삶은 털에 달려 있지 않았다. 라일리는 그저 털이 있는 걸 더 좋아했을 뿐이었다. 라일리는 행복해하며 눈을 반쯤 감은 채로 멍하니 털 손질하는 걸 좋아했다.

    내게도 머리카락은 생사가 걸린 문제가 아니었다. 하지만 평생 머리카락에 관해 이야기를 나누고 경험해온 사람들이 특정 나이가 지나면 머리카락에 대해 더 이상 신경 쓰지 않길 기대하는 이유는 무엇일까? 왜 신경 쓰지 않아야 할까? 어떤 면에서 우리는 이제 나이가 들었기 때문에 그 어느 때보다 더 신경이 쓰이기도 한다. 우리에게 남은 머리카락에는 의미와 역사가 녹아 있다. 우리는 환경 문제나 굶주림, 국내 테러, 폭력, 전 세계적으로 일어난 팬데믹 등 우리에게 영향을 미치는 모든 문제를 생각하며 시간을 보낼 수 있으며 그리고 원한다면 잠시 시간을 내 자기 머리카락에 대해서도 생각할 수 있다. 젊은 여자들, 심지어 더 나은 방향으로 세상을 변화시키는 데 가장 헌신적인 여자들조차도 여전히 자기 머리카락 때문에 고민한다.

하지만 60대를 훌쩍 넘긴 많은 여자와 대화를 나누다 보면 머리카락에 관해 길게 이야기하다가도 "아, 근데 그냥 머리카락일 뿐이잖아요? 전 이제 나이도 들었고요. 별로 중요하지 않아요."라는 말로 대화를 마무리하는 경우가 많았다. 살면서 만난 여자들은 모두 이런 말로 머리카락 이야기를 끝낸다. 조금 전까지만 해도 얼마나 머리카락이 신경 쓰이는지 이야기하던 사람들이 갑자기 이 주제를 일축하고 싶어 한다. 태어날 때부터 털 감소증을 겪거나 아예 머리카락이 없었던 여자라면 젊든 나이 들었든 상관없이 그런 식으로 머리카락에 관한 대화를 끝내진 않았을 것이다. 평생 아주 작은 탈모 부위 하나만을 겪었을 뿐인 나도 머리카락 이야기라면 무심하게 어깨를 으쓱하며 끝내진 못한다.

갑작스러운 탈모나 시간이 지나며 서서히 머리카락이 빠지는 탈모나 모두 나이와 상관없이 거의 모든 사람에게 괴로움을 안긴다. 탈모 부위 주변 머리카락이 빠지기 시작하면서 머리카락이 없는 부위가 정수리 전체로 퍼지기 시작했을 때 나는 지구상의 모든 대머리와 머리가 벗어지기 시작한 사람, 즉 의도치 않게 대머리가 된 사람, 그리고 적어도 그것에 관심을 두는 사람 모두에게 연민을 느꼈다.

나는 지금 담당 의사의 지시에 따라 단백질을 더 많이 섭취하고 있다. 비타민 D를 챙겨 먹고 매일 산책과 사진 찍기, 그림 그리기를 통해 스트레스를 해소하고 있다. 하지만 내가 무엇을 하든 조만간 머리카락뿐 아니라 온몸이 나를 어딘가로 데려가거나, 혹은 아무 데도 오도 가도 못 하는 날들이 오겠지.

그사이에 많은 일이 일어나고 있다. 머리카락도 예외는 아니어서 가늘어지기도 하고 빠지기도 한다. 그리고 누가 알겠는가? 어쩌면 머리카락이 조금 다시 자라나고 있을지도 모른다. 내 머리카락에 무슨 일이 생길지 모르겠다. 내가 충분히 오래 살면 결국 머리카락 대부분이 빠질 것이고, 벨벳 토끼_{the Velveteen Rabbit}처럼 되거나 엄마처럼 될 수도 있겠지만 어느 쪽이든 괜찮다. 뭐가 되었든 간에 나는 오래전 형제와 같이 영화관에 앉아 머리카락에 신비한 힘이 숨어 있다고 생각한 어린아이가 옳다고 믿는다. 머리카락이 다 사라지면 그리워질 것 같다.

나는 지구에 좀 더 오래 머물고 싶다

팬데믹이 시작된 첫해에 나는 그때가 과거의 거미줄을 치우기 적합한 시기라고 생각했다. 나는 홈 오피스부터 시작해서 모든 물건을 없애려고 했다. 내가 하는 작업에는 오래된 편지와 일기, 내가 쓴 글로 가득한 노트, 학생들의 글로 꽉 찬 캐비닛, 앨범과 사진 상자 등 수천 장의 종이가 포함되었다.

프로젝트를 시작한 지 한 달쯤 되었을 때 외가 쪽에서 찍은 사진 한 상자를 발견했다. 가장 처음 집어 든 흑백사진은 라루 이모의 사진이었다. 사진에는 검은 머리에 여유로운 미소를 짓고 있는, 눈에 띄는 젊은 여자의 모습이 담겨 있었다. 심플한 흰색 드레스를 입은 이모는 행복해 보였고 약간 관능적이기까지 했다. 뒷면에는 엄마가 쓴 문장이 적혀 있었다. "라루가 내 아이를 구했어."

나는 그 이야기를 기억하고 있다. 이모가 내 생명을 구했을 때는 내가 생후 6주밖에 되지 않았던 시기였다. 할아버지가 운영하던 하숙집 밖에서는 겨울 기온이 밤에는 한 자릿수로 떨어지고 낮에는 10도 이상 오르지 않았다. 11월 말 눈보라가 치던 날 내가 태어났다. 내가 며칠 동안 기침을 하고 숨을 몰아쉬니 할머니는 내가 폐렴이라고 판단하고 여섯 딸 중 둘째인 가족 치료사 라루 이모를 불렀다.

이모는 길에서 꽤 멀리 떨어진 미주리강 근처의 작은 집에서 남편과 어린 아들과 함께 살았다. 이모는 식료품 저장고에 있던 양파 한 개와 천 조각, 그리고 약간의 희망을 품고 하숙집에 도착했다. 그는 양파를 썰어서 볶은 다음 살짝 식혀 천에 싸서 내 가슴 위에 올려놓았다. 이모가 어떻게 그런 생각을 떠올렸는지 아무도 몰랐지만 그 방법은 종종 효과가 있었다. 아니나 다를까, 양파 찜질을 하고 나니 내 증상이 호전되었다.

약 50년이 지난 뒤 엄마는 우연히 그날을 기억해내고 내게 이야기해주었다. 엄마는 내 건강이 회복된 게 전적으로 자기 여동생 덕분이라고 여겼다. "라루가 와서 이마를 만지고 베개를 뒤집어놓으면 네가 괜찮아지기 시작했거든." 나는 그 뒤 중서부를 다시 찾았을 때 라루 이모에게 감사 인사를 했다.

"별말을 다 하는구나." 이모는 깊은 목소리로 무심히 중얼

댔다. 이모는 아기의 생명을 구할 수 있다는 기대감으로 하숙집에 소환된 게 전혀 불편하지 않은 것처럼 보였다.

가족 이야기라는 하나의 거죽은 누군가가 말을 하거나 기억할 때마다 벗겨지다가, 어느 날은 정면으로 바라볼 준비가 미처 되기도 전에 부딪혀 충격을 주기도 한다. 나는 젊은 여자와 양파 한 개에 목숨을 빚지고 살아온 지 75년 만에, 지금 살아 있다는 사실에 새삼스레 깜짝 놀랄 뻔하며 잠자리에 들었다.

////////

사무실을 정리하는 작업은 기대만큼 빨리 진행되지 않았다. 감정의 파도가 줄기차게 밀려 들어와 계속 멈춰야 했다. 피난처가 될 안전한 항구도 없었다. 사진을 볼 때마다 할머니와 엄마, 그리고 다섯 이모에 대한 사랑이 숨 막힐 듯 밀려왔다. 보고 싶은 마음 때문에 힘들었지만 그들이 양로원이나 요양원에 갇혀 있지 않다는 사실에 안도했다. 다들 외출하고 사람들을 만나고 방문객을 맞이하는 데 익숙한 사람들이었기 때문에 어딘가에 갇혀 있었다면 팬데믹 동안 무척이나 외로웠을 것이다. 이제 모두가 세상을 떠났다. 마지막으로 남아 있던 우리 엄마도 5년 전에 하늘나라로 떠났다.

어수선한 캐비닛에서 작은 검은색 스케치북을 발견했다.

내가 쓴 적이 있었을까? 글쎄. 그럼 내가 지금 쓸 가능성이 있을까? 아니었다. 나는 그림보다는 단어에 익숙하고 키보드를 사용하는 사람이었다.

    나는 그 스케치북이 거의 30년 전 내가 전화 통화를 하면서 낙서를 한다는 걸 눈치챈 회사 동료가 한 선물임을 기억해냈다. 열어보니 펜과 잉크로 그린 그림 두 장이 있었다. 하나는 내게 그 스케치북을 선물한 마이클을 그린 그림이었고 하나는 나를 그린 일종의 캐리커처였다. 기발하고 재미있어 보였다. 또 다른 그림을 찾아 페이지를 넘겨보았지만 아무것도 찾지 못했다. 나는 그 이유가 자신감 부족 때문이라는 것을 알았다. 내가 그림을 그리려고 했던 건 열 살 정도 됐을 때인데, 열심히 그렸지만 노력한 결과에 실망했고, 그렇게 그림은 내 능력 밖의 일이라고 생각했다. 존재 자체를 잊고 있던 스케치북을 들고 있자니 65년 동안 캐리커처 두 장 말고는 진지하게 그림을 그리려는 시도를 하지 않았다는 걸 깨달았다.

    팬데믹이 한창이던 어느 시점에서 나는 조만간 일상으로 돌아갈 수 있을 거라는 희망을 버린 지 오래였다. 일상이 극심한 스트레스였다. 매일같이 바이러스를 보도하는 뉴스는 마치 눈을 멀게 하는 눈보라처럼 우리 주변에서 휘몰아쳤고 시리도록 냉담한 통계를 발표했다. 앞으로 더 큰 불행이 닥칠 거라는 차가운 전망만이 쏟아졌다.

친구들과 함께 둘러앉아 저녁 식사를 할 기회도 없고 가끔 행사를 가거나 영화를 보거나, 또 집에 있는 스크린이 제공하는 것 외에는 어떤 즐길 거리도 없는 상황이 지속되니 평정심이 흔들리기 시작했다. 이미 목숨을 잃었거나 바이러스로 인해 언제 죽을지 모르는 사람들이 병마와 싸우는 모습에 밤잠을 설치기도 했다. 상실감과 두려움에 사로잡히지 않고 하루하루를 버텨내기 위한 무언가가 필요했다. 잘못된 모든 것에 집중하지 않고 숨을 쉴 공간이 필요했다.

그래서 다시는 펼치지 않을 것 같았던 스케치북을 계속 붙들고 있었다. 복시 증상을 비롯해 눈앞에 미친 듯 흐릿하게 떠다니는 부유물 등 눈에 생긴 문제들을 생각하면 이성적인 목소리가 들려와 나를 현실로 이끌었다. 그림을 그리는 건 시간 낭비가 아닐까? 이런 걸 시작하기에는 너무 늦은 게 아닐까? 어떻게 그림을 그릴지는커녕 뭘 그리고 싶은지도 전혀 모르겠는데 어떻게 해야 할까? 왜 지금의 스트레스와 슬픔에 좌절감을 더하려고 하는 걸까?

몇 년 전 내가 백내장 수술을 했다는 사실도 떠올랐다. 수술한 덕에 지금은 훨씬 더 잘 보이는 게 사실이었다. 어쨌든 나는 작으면서도 가볍고, 매끈한 검은색 표지가 달린 데다가 모든 페이지가 비어 있고 누군가를 기다리고 있는 듯한 이 물건이 주는 느낌이 마음에 들지 않았다. 하지만 여전히 이 스케치북은 내 인생에 있었고 내 친구라는 사실에 변함이 없었다. 게다가 사랑하는 누군가가 선물한 물건이 아닌가?

나는 사무실 불을 끄고 스케치북을 손에 든 채 내 뒤에 있는 문을 닫았다.

스케치북이 아무 손길도 닿지 않은 채 테이블 위에 놓여 있는 기간은 그리 길지 않았다. 어느 날 아침 나는 뉴스를 끄고 부엌 서랍 뒤쪽을 뒤적거리다가 연필을 손가락으로 움켜쥐었다. 그리고 스케치북을 꺼내고 노트북을 열었다. 어쩌면 누군가가 그림 그리는 법을 모르는 이들을 위해 유튜브에 도움이 될 영상을 업로드했을 수도 있지 않을까. 나는 그 영상들을 찾았다.

처음 발견한 영상은 코를 그리는 법에 관한 것이었다. 안 볼 이유가 없었다. 종이 위에 코를 그리면서 그 방법을 알려주는 여자의 목소리(사실 그림을 그리는 손만 보였다)는 유쾌하면서도 직설적이었다. 그는 내가 어렸을 때 어색하게 그렸던 말 스케치나 내 눈앞을 떠다니는 부유물과 복시 현상, 또 그림 수업을 받아본 적이 없으며 지금까지 60년 넘게 이 분야에 대한 자신감 부족을 겹겹이 쌓아와서 지금은 아예 하드리아누스의 벽_{Hadrian's wall} (로마 제국 시기에 건설된 영국의 방벽 – 옮긴이)만큼이나 두껍다는 사실도 전혀 알지 못했다. 또 그에겐 1975년부터 서류 캐비닛에 아무것도 그려져 있지 않은 깨끗한 스케치북이 보관되어 있었다는 소식도 전해지지 않기는 마찬가지였다. 나를 한 번도 만나지 않았지만 그림 선생님은 진심으로 내가 코를 그릴 수 있다고 믿었다.

나는 코를 그렸다. 그것도 아주 많이. 그림을 그리다가 능력의 한계에 다다랐을 때는 몸을 뒤로 젖히고 완성된 결과물을 감상했다. 매번 불가능해 보였지만 실제로 어느 정도 코처럼 보이는 그림을 그렸다는 걸 깨달았다. 나는 놀라움을 넘어 입이 딱 벌어지는 느낌이 들었다. 어떻게 내가 이렇게 할 수 있었지?

이번에는 선생님이 타원과 원과 음영을 어떻게 처리했는지에 더 주의를 기울여 다시 영상을 보았다. 선과 곡선, 각도, 그림자, 빛, 뺨과의 연관 관계, 날개처럼 가장자리가 접혀 있고 눈썹까지 밝고 어두운 명암이 어떻게 형성되는지 등 사람의 코에 관해 전혀 생각하지 못했던 것들을 알려주는 선생님의 말에 집중했다.

팬데믹 동안 수백만 명의 사람이 나와 또래 친구들이 모두 죽어 다시 일터로 돌아가고 파티를 즐기고 카페에 갈 수 있길 바라는 트윗을 올리는 동안 나는 선에 집중하면서 홀로 집에 머무는 나이 든 여자로 살았다. 그때 내 인생은 코가 지배하고 있었다. 그림을 그리고 있지 않을 때도 잡지나 엽서, 책 표지, 캘린더에서 코들이 튀어나와 나를 향해 달려들었다. 그들은 내 일상의 풍경을 야생화처럼 가득 채웠다. 뉴스 캐스터는 내가 알던 세상의 종말을 알리는 대변인이 아니라 콧구멍과 코끝, 콧대가 되었다. 또 어떤 배우는 사랑에 굶주린 홀아비를 연기하는 남자가 아니라 콧볼이 되고 콧날개를 따라 흐르는 주름이 되기도 했다. 코 꼭대기의 평평한 부분을 '뿌리'라고 부르고 이 뿌리에서 코가 콧망울과 콧대로 솟아오르며 얼굴의 뒤쪽에서 꽃의 꽃술처럼 손을 뻗어 꽃술이 꽃가루를 받아들이듯 냄새를 받아들인다는 사실을 누가 알까?

눈이 나빠지는 바람에 더 이상 글을 읽을 수 없게 된 아흔아홉 살의 엄마를 위해 어린이 그림책을 집에 가져다주기 시작했었다. 그때 엄마가 느낀 경외감이 떠올랐다. 그 책 중 하나는 인간 배아의 발달에 관한 책이었다. 나는 엄마가 배아에서 태아로, 그리고 몇 페이지 뒤에는 갓난아기로 성장하는 과정을 따라 천천히 페이지를 넘기는 모습을 지켜보았다. 엄마는 네 아이를 낳았지만 성교육 수업을 들어본 적이 없었기 때문에 출생을 통한 아이의 탄생뿐 아니라 자기 몸 자체를 경이롭게 느끼고 있었다. 스케치북에 담긴 성취를 향한 활기, 즉 인생의 늦은 시기에 몸의 경이로움을 발견하는 것에 대한 나만의 열정은 엄마를 더 친밀하게 느끼게 했다.

∽∽∽∽∽∽∽

지구의 이 끔찍한 상황을 고려할 때 도피에 몰두하는 게 현명한 선택이었을까? 그림을 그리면서 가끔 이런 생각을 하곤 했다. 일어나고 있는 일을 바꾸지 못해도 그 현실을 직시하고 진지하게 임해야 하는 게 아닐까? 그러다가 책을 다 읽지 못하고 악몽을 꾸는 일이 잦았던 기억이 난다. 뉴스를 무시하더라도 이른 오후가 되면 항상 지친 기분이 들었다. 하지만 원하면 얼마든지 다른 사람을 피할 수 있고 혼자서 자유롭게 지낼 수 있다는 게 행운으로 느껴졌다. 수년간 혼자 살다 보니 다른 사람들에 비해 고립이 덜 고통스러웠던 것 같다. 게다가 정기적으로 함께 산책하던 이웃이 있었고 가끔 전화를 걸거나 안전한 거리에서 날 보려는 친구들도 있었다. 난 정말 운이 좋았다고 생각했다.

어쨌든 대부분의 시간 동안 현실을 직시하지 않을 수 없었다. 나는 상황을 바꿀 수 있는 정치인들에게 돈을 보냈다. 청원서에 서명했고 다가오는 선거에 투표하라고 재촉하는 편지를 썼다. 아프거나 죽어가고 있거나 나처럼 외로움을 느끼면서 연락을 갈망하는 사람들을 위한 촛불을 켜기도 했다. 어느 날 밤 잠들기 전에는 사랑하는 사람들과 단절되어 두려워하며 병상에 누운 낯선 이들에게 텔레파시로 위로의 마음을 전하기도 했다. 이게 특별히 도움이 된다고 생각한 건 아니다. 도움이 된다는 증거가 있었을까? 하지만 어쨌든 나는 그렇게 했고 그게 습관이 되었다. 그들의 얼굴을 상상해보기도 했다. 그러다 알던 누군가가 코로나에 걸렸다는 소식을 듣기도 했다. 나는 아는 사람들과 모르는 사람들에게 사랑을 보내려고 노력했다. 숨을 들이마시거나 내쉬고 또 밖으로 한숨을 쉬면서 그들과 함께하려 했다. 악몽에 시달려 진땀을 흘리고 잠에서 깬 긴 밤에는 명상을 통해 라루 이모의 영혼이 담긴 찜질약처럼 그들의 답답하고 고통스러운 가슴에 치유의 생각을 얹어주었다.

한때는 잠이 평화로운 도피처였는데 이젠 코로나바이러스와 파시즘에 대한 불안으로 자다가 수시로 깨곤 했다. 어쩌면 나는 초조하게 날이 밝기를 기다릴 수밖에 없었던 것 같다. 하지만 그러다 날이 밝으면 스케치북을 붙잡고 또 다른 드로잉 영상에 빠져들었다. 내 뭉툭한 연필은 손가락으로 잡을 수 없을 정도로 짧아졌다. 어느 날 친구 저스틴이 보낸 고급 연필 블랙윙 펄 한 상자가 우편으로 도착했다. 나는 벨벳 심을 뾰족하고 날카롭게 유지하기 위해 샤프너를 구입했다.

스케치하는 행위는 팬데믹을 치료하는 찜질약이 되었다. 지금 내게 닥친 무서운 순간의 독성을 제거하고 그 대신 내가 바라보기로 선택한 걸 온전히 흡입할 수 있게 해주었다. 익숙한 것을 새로운 방식으로 보는 법을 배우느라 집중하는 동안 두려움이 가라앉았다. 해보고 싶다는 의지가 생기면 평화가 찾아왔다. 수십 년 동안 '난 할 수 없어', '난 안 할 거야', '재능이 없어'라는 생각으로 꽉 막혀 있던 뇌의 통로가 열린 기분이었다. 의도한 결과나 그에 근접한 결과를 얻었을 때는 만족감이 묻어나는 숨을 내쉬었다.

그림을 그리면서 나는 감각적인 즐거움과 놀라움, 그리고 기쁨을 느꼈다. 뉴스에서 보도하는 단편적인 내용과 관계없이 세상과 나는 여전히 연결되어 있다는 믿음이 굳어졌다. 어떤 예술가도 내 그림이 훌륭하다고 말할 것 같지 않았지만 나는 계속 그림을 그려나갈 수 있도록 스스로를 격려했다. 평가나 선의를 담은 비판적인 댓글조차도 내게는 관심 밖의 일이었다. 일흔다섯의 손이 목적을 가지고 움직이며 대담하게 빈 공간을 채우는 느낌이 좋았고, 또 일흔다섯의 뇌가 바이러스에 감염되기 전처럼 침착하고 아무렇지 않게 선생님의 지시를 따라간다는 사실이 좋았다. 그는 내 인생에 한 번도 없었던 미술 선생님이 되어주었고 결국 조금 알아본 결과 선생님이 노스다코타에 살고 있다는 걸 알게 됐다. 나는 라루 이모의 사진을 찾고 오래된 스케치북을 찾고, 또 미술 선생님을 찾아낸 일이 거의 동시에 일어났다는 게 너무 즐거웠다. 선생님은 살아 있는 목소리이자 현명한 목소리였고, 길옆에 머무르며 길을 알려준 사람이었다.

글과 다르게 그림을 그릴 땐 움직일 수 있었다. 연필과 스케치북을 들고 밖을 돌아다니면 불편했던 허리가 내게 고마워했다. 나무 앞에 서서 나무껍질과 이끼를 그리곤 했다. 어느 날 숲에서 딱따구리 소리를 듣고 나무를 샅샅이 훑어보다가 딱따구리를 발견했다. 딱따구리는 한곳에 1분 이상 머무르는 몇 안

되는 새 중의 하나였지만 내 손이 너무 느려 스케치북에 담을 수 없었다. 그래도 시도해본다는 게 좋았다.

딱따구리나 쓰러진 큰 가지, 정박소 주차장 뒤편 트레일러에서 서서히 낡아가는 오래된 배를 그린 그림이 제대로 완성되지 않아도 상관없었다. 언제든 다시 시도하거나 페이지를 넘기고 다른 일을 시작할 수 있었다. 가끔 토끼와 다람쥐를 찍기 위해 카메라를 가져와 최대한 가까이서 확대해 찍고 나중에 그걸 보고 자세히 그리기도 했다. 여름과 가을에는 커뮤니티 정원에서 꽃과 채소, 벤치, 나무로 된 등받이 의자, 숲을 등지고 너른 들판을 바라보며 마주 앉은 돌부처 등이 나의 피사체가 되었다.

그림을 그릴 때면 진지하면서도 동시에 장난스러운 기분이 들곤 했다. 나는 나 자신을 판단하거나 더 잘 그리려 노력하지 않았다. 그저 눈에 보이는 대로 종이에 그려보고 싶었을 뿐이었다. 오직 만들어내는 것만이 목적이었다. 결국 무언가를 더 잘한다는 건 무슨 뜻일까? 신경 쓰지 않고 그림을 그리는 것 자체가 그 어떤 잘하는 것보다 좋았고, 동시에 야망이자 자유로운 참여로 느껴졌다. 사랑하면 자연스럽게 마음이 움직이듯 그림 그리기는 그렇게 내 마음속으로 들어왔다. 당시 우리는 죽음의 그림자가 드리워진 골짜기를 걷고 있었는지 몰라도 연필과 스케치북은 매일같이 나를 위로해주었다.

이제 연필을 움직여 종이에 모양과 그림자를 만들 때마다 호흡이 진정되고 마음이 차분해진다. 나는 여전히 그림 그리기를 라루 이모의 찜질약 같은 존재로 여긴다. 숨을 들이쉴 때마다 평화가 찾아오고 숨을 내쉴 때마다 두려움이나 긴장이 누그러지며 새로운 통로와 가능성이 열린다.

내 생명을 구해준 찜질약을 만든 이모는 돌아가셨지만 나는 몇 가지 방법으로 이모를 기억한다. 우선 내 미들 네임은 '라루'이고 이모처럼 문 앞에 강이 지나가는 곳에 살고 있다. 그리고 요즘은 양파와 천 한 조각을 가지고 다닌다. 지구는 지금 나이든 이들에게는 위험한 곳이지만 나는 여기서 좀 더 오래 머물고 싶다.

우리는 지금 어디에 있을까

엄마는 90대 중반에 들어서자 과학적인 질문을 많이 하기 시작했다. "왜 하늘은 파란색일까?" "구름 안에는 뭐가 있을까?" "저기 맥도날드 감자튀김을 쪼아 먹는 까마귀는 어떻게 저게 음식인 걸 알아차리는 걸까?" "나무가 자라면서 어떻게 양쪽 균형을 유지하는 거지?" 엄마는 어린 시절 다녔던 대초원에 있는 작은 학교에서 가르쳐주지 않은 걸 따라잡으려 했던 걸까, 아니면 중서부 여러 도시를 옮겨 다니며 아이를 키우고 집안을 돌보고 가끔 전화 교환원이나 의류 매장에서 일하느라 궁금했지만 한 번도 물어볼 생각조차 하지 못한 것들을 이제야 질문하게 된 걸까.

90대에 접어든 엄마가 포틀랜드에 정착하고 나서는 모르는 걸 알고 싶어 할 때 가로막던 모든 장벽이 사라졌다. 엄마가 한 질문에 대답할 수 없으면 나도 함께 답을 찾으려 노력했다. 엄마가 보여준 호기심은 나를 자극했다. 사람이 극도로 어리석거나 세상에 무관심하지 않은 이상 우리는 물리적 세계, 바로 그 세계를 포함해 당연하게 여기던 모든 걸 당연시하지 않게 된다. 그리고 결국 이곳에 깊이 뿌리내리지 못했다는 걸 깨닫고 이어 그리 머지않은 미래에 이곳을 떠나리라는 것도 자각하게 된다. 이 세상은 도대체 어떤 곳일까? 그리고 저 까마귀는 어떻게 감자튀김을 먹을 수 있다는 걸 아는 걸까?

다시 깨어난 호기심과 인생의 새로운 방향 찾기라는 두 가지 이유로 60세 이상의 사람들이 무료 또는 할인된 가격으로 대학 수업에 등록하는 경우가 점점 늘고 있다. 내 친구 엘리너는 70대 후반에 몇 년 동안 포틀랜드주립대학교의 프랑스어 수업을 듣기 위해 차를 몰고 마을을 가로질러 다녔다. 늘 프랑스어 실력을 키우고 싶어 했던 그에게 마침내 그럴 시간이 생긴 거였다. 모든 주에서는 일정 나이가 되면 저렴한 비용으로 수업을 들을 기회를 제공한다. 건강상의 이유로 고립되어 있거나, 운전을 할 수 없거나, 대중교통을 이용할 돈이 부족하거나, 너무 바빠 강의실에 갈 수 없지만 컴퓨터를 사용할 수 있다면 온라인 강의를 검색하면 된다. 코세라(2012년에 만들어진 온라인 비대면 학습 플랫폼 - 옮긴이)에서는 불교부터 행동주의, 공룡에 이르기까지 다양한 주제의 온라인 강좌를 무료로 제공한다. 60대에 접어든 또 다른 친구 루스는 코세라를 통해 펜실베이니아대학교의 알 필레이스가 강의하는 현대 시 세미나를 수강했다. 그는 똑똑한 젊은 사람들, 훌륭한 선생님, 깜짝 퀴즈, 다양한 자료 등이 있어 실제로 교실에 있는 것 같은 느낌이었다고 말했다.

1990년대에 엄마는 주로 아빠와의 논쟁에서 승리하는 데 구글을 활용하곤 했다. 아빠가 돌아가시고 이곳으로 이사 온 뒤 시력이 떨어지고 손가락 움직임이 둔해졌지만 여전히 엄마는 구글로 검색을 할 수 있었고 흥미로워 보이는 것이라면 무엇이든 찾아보았다. 엄마는 에덴동산의 위치에서부터 지구와 달 사이의 거리에 이르기까지 모든 것을 찾아보았다. 엄마에게 인터넷은 일종의 자원이자 즐거움이었다. 그런 엄마의 경험과 엄마가 지내던 생활 시설에 있는 많은 사람의 경험, 또 내 경험과 내 친구들의 경험에 비춰 보았을 때 기술을 싫어하는 노인이라는 말은 허무맹랑한 낭설에 불과하다.

엄마는 지난 몇 년간 계속해서 나에게 질문을 던졌다. 때로는 과학적인 질문에서 철학적인 질문으로 바꿔 묻기도 했고 죽음에 관한 질문도 계속 이어갔다. 이런 질문들은 자연스럽고 예상치 못하게 엄마와의 대화에 스며들기 시작했다. 엄마는 상황을 직시하려고 노력했지만 당황스러웠다고 인정했다. 백 살이 가까워질 무렵 거의 모든 직계 및 대가족을 잃어버린 사람들에 관해 이야기하던 엄마는 고개를 저으며 물었다. "그들은 어디에 있을까?" 엄마에겐 흔히 말하는 종교적 신념이 없었다. 엄마는 무엇을 믿어야 하고 무엇을 버려야 하는지 알려주는 형식적인 시스템에는 관심이 없었지만 가끔 "뭔가가 있어. 신이라고 부를 수는 없지만 뭔가가 있긴 해."라고 말하곤 했다.

엄마는 '소중하다'라는 단어를 점점 더 자주 사용하기 시작했다. 내가 장미꽃을 가져다드리면 꽃잎을 살짝 만지며 꽃이 소중하다고 말했다. 엄마에겐 나도 소중했고 엄마를 보러 온 모든 내 친구도 소중했다. 생활 시설 직원이자 친구였던, 백열 살까지 살던 동료이자 밥 친구였던 아이린도 소중했다.

두 사람이 처음 만났을 때 아이린의 나이는 백다섯 살이었다. 아이린과 엄마는 자신의 다섯 자매에 관한 이야기를 서로에게 들려주었다. 그때 당시 아이린의 자매들은 세상을 떠난 지 오래였고 엄마에게는 살아 있는 자매가 여동생 펄밖에 없었다. 둘은 정치 이야기로 다투기도 했지만 엄마는 여전히 펄 이모를 소중히 여겼다. 어느 날 엄마가 조이스 킬머Joyce Kilmer의 「나무Trees」라는 시를 낭송하고 있었는데 시의 마지막 구절을 읽자마자 창문 밖 나무에 달려 있던 나뭇잎이 위에서 아래로 떨어지며 반짝였다. 이 신비로웠던 나뭇잎의 춤 역시 엄마는 후에 내게 소중하다고 묘사했다.

나는 그 단어가 엄마의 어휘에서 탄력을 받아 그물을 던지고 엄마의 세계를 사로잡는 것을 들었다. 이 지구와 동식물, 새들과 다양한 사람, 과학적 사실들과 기묘한 사건들은 모두 진정한 의미에서 소중했다. 즉 그것들은 엄마에게 더없이 훌륭한 가치가 있었다.

우리가 정확히 어디에 있고 여기 있는 동안 무엇을 탐구해야 할지 묻는 건 언제든 절대 늦지 않다. 나는 엄마로부터 그 지혜를 물려받았고 노년에 들어 스스로에게 나만의 질문을 던지며 그 지혜를 이어가려고 노력하고 있다. 최대한 많은 호기심과 감사의 마음을 발휘할 때 얼마나 많은 것을 가까이 끌어당기고 또 가볍게 붙들어둘 수 있는지 모른다.

두 번째 성년기를 맞으며

이웃집 지하실 벽에 꼭 붙어 있는 낡은 책상을 하나 발견했다. 열세 살 때 나는 산더미처럼 쌓인 빨래 더미를 훌쩍 뛰어넘을 만큼 날렵했고 흔들리는 거실 램프, 덜컹거리는 테이블, 침대 스프링 등 버려진 물건들 사이를 요리조리 빠져나갈 만큼 민첩했다. 책상 앞쪽의 양쪽 판자를 손가락으로 당기자 황동 경첩이 풀리면서 글씨를 쓸 수 있는 판이 앞으로 떨어졌고 잉크병과 펜, 봉투, 우표를 넣을 수 있는 수납함이 모습을 드러냈다. 나는 전에 본 적 없는 이 광경에 정신없이 빠져들었다. 이웃집의 코번 부인은 내가 이 책상을 집으로 가져가게 해주었다. 그 시절에는 그 책상이 얼마나 소중한지, 또 어떻게 내게 도움이 될지 알 수 없었지만 이제는 부인이 알고 있었는지 궁금해진다.

검은 머리카락을 뒤로 넘겨 엉성하게 하나로 묶고 있었고, 단추 하나는 채우는 걸 잊어버리고 벨트 고리도 채우지 않은 채 늘 급히 옷을 입은 것처럼 보였던 코번 부인은 예쁘고 단정한 우리 엄마와는 정반대 모습이었다. 그는 이웃에 새로 이사 온 아이의 최고 관심사가 무엇인지 생각할 여유가 있는 사람으로는 보이지 않았다. 코번 부인은 내 친구였던 열두 살 메리를 포함한 자신의 여러 아이를 위해 끊임없이 노력하는, 큰 배의 닻 같은 사람이었다. 드물게 아이들로부터 해방된 시간에는 집안일보다 낡은 꽃무늬 소파에 책을 들고 앉아 쉬는 걸 더 선호했다. 이로써 그는 "청결은 신을 공경하는 것 다음으로 중요하다."라는 비공식적 좌우명이 있는 중서부의 작은 마을에서 이례적인 존재가 되었다. 코번 부인이 다른 엄마들과 다른 두 가지 특징이 있었는데, 하나는 어디에 있든 늘 레드 와인이 담긴 잔을 가까이한다는 점이었고 하나는 설거지할 때를 제외하고는 손에서 담배를 놓지 않는다는 점이었다. 담배 연기 때문에 눈을 찡그린 코번 부인이었지만 입에 문 담배에서 여지없이 연기가 피어올라 눈으로 향했다. 가끔은 애벌레처럼 기다란 재가 비누 거품에 떨어지기도 했다.

나는 우리 집에서 설거지를 했다. 하지만 다섯 살짜리부터 곧 해군에 입대할 큰아들까지 연령대가 다양했던 코번 부인의 아이들은 아무도 자기 엄마를 도와 설거지를 하지 않았다. 부인의 부엌에서 숙제를 하다 가끔 고개를 들어 비눗물에 손을 담그고 있는 코번 부인을 보곤 했는데, 그때마다 코번 부인의 연기가 가득한 눈은 부엌 창밖을 향하고 있었다. 그 눈은 앞에 펼쳐진 잔디밭과 차고 진입로에 있는 남편의 페인트 회사 트럭이 아닌 다른 곳을 바라보고 있었다. 나도 우리 집 부엌 싱크대에 난 세 개의 창문을 보며 코번 부인과 같은 행동을 했다. 창문으로 보이는, 키 큰 나무가 양쪽에 선 좁은 뒷마당 풍경이 멋졌다. 하지만 내가 바라본 마당은 코번 부인이 뜨거운 물에 손을 담그고 일할 때 보던 마당이 아니었다. 아무것도 보이지 않았다. 어떤 장소도 느껴지지 않았다.

/ / / / / / / /

시몬 드 보부아르Simone de Beauvoir의 『노년The Coming of Age』을 뒤적거리던 날 코번 부인과 책상이 생각났다. 책 표지 안쪽에는 보부아르가 출판사로부터 쓰고 싶은 책의 목적과 특징에 관해 받은 질문에 답으로 보낸 메모가 기록되어 있었다. "노인들은 정말 온전한 인간인가? 사회가 이들을 대하는 방식을 보면 의문이 든다."

그 뒤 역사를 거슬러 올라가 다양한 국가와 문화를 탐구하는 철저한 토론 자리에서 보부아르는 장수의 신체적, 정서적, 심리적, 실용적 측면을 제시한다. 적어도 그는 고정관념과 무지가 아닌 관점으로 해당 시기를 솔직하게 바라보도록 질문을 제기하고 격려하고 싶어 했다.

나는 내가 청소년기에 겪은 어려움과 지금 다시 마주한 어려움이 얼마나 닮았는지 상기시키는 이 책에 빠져들었다. 나는 열세 살 때 형제의 비극적인 죽음으로 인해 그 시기에 관해 꽤 많이 생각했고 글을 썼다. 하지만 보부아르의 사상을 읽고 젊은 세대가 거의 모든 사람에게 얼마나 쉽게 잊히는지 떠올리며 비극이 아니더라도 그 시기가 요구하는 엄청난 변화를 생각해보았다. 보부아르가 출판사에 제기한 질문은 청소년기를 겪고 있는 사람들에게도 적용될 수 있다. 청소년들은 정말 온전한 인간인가?

첫 번째 성년기와 두 번째 성년기 모두에서 우리는 길을 잃는 게 위험하다는 걸 알 수 있지만 흥미롭고 보람차며 즐겁고 새롭기까지 한 현실도 많이 찾아온다는 것 역시 알 수 있다. 두 시기에서 인간의 본성은 우리를 다른 육체적 자아에 밀어 넣는다. 호르몬 폭풍은 이런 각 변화의 시작을 알린다. 우리는 그 변화를 멈출 수 없다.

그것만으로도 충분히 혼란스러울 테지만 외로움은 때때로 생물학과 함께 오는 것 같다. 적어도 내게는 에스트로겐의 수도꼭지가 어느 나이에 틀어졌다가 다른 나이에 잠겼을 때도 마찬가지였다. 열세 살이던 나는 친구는 있지만 동생을 잃은 기분을 표현할 언어가 없었고, 이런 결핍은 나를 다른 사람들로부터 단절시켰다. 지금은 어떤 주제를 두고 사람들과 이야기할 수는 있어도 혼자 있는 시간이 더 많다. 그때도 그랬고 지금도 커다란 변화를 겪는 사람이 많으며 그 대다수에게 외로움이 존재한다. 중학교와 고등학교에 다니는 젊은 사람들은 물리적으로 함께 있으니 원한다면 서로 터놓고 농담을 하거나 위로를 나눌 수 있다. 하지만 나이 든 사람들은 학교 같은 공동 공간에 매일 함께 모이지 않는다. 젊은 사람들과 똑같이 외롭지만 서로 떨어져 있다.

사춘기에 접어들면서 나는 선생님, 부모님, 심지어 낯선 사람들까지 가끔 내 주변에서 특이한 대화를 나누는 걸 알았다. 그들은 어린 시절에 종종 반복되는 질문, "커서 뭐가 되고 싶어?"를 넘어서는 방식으로 미래에 관해 이야기했다. 그들은 변화하는 내 몸을 바라보며 남자 친구가 있는지(나를 사랑하는 사람이 있는지 묻는 것일 수도 있다)부터 미래의 결혼 가능성이나 결혼하지 않을 가능성, 내 교육에 누군가 투자할 가치가 있는지 여부, 열여덟 살이 되었을 때 집에서 쫓겨날 가능성에 관한 추측에 이르기까지 모든 걸 자유롭게 이야기하는 듯했다. 아무도 이 주제에 관한 내 생각을 깊이 묻지 않았지만 그들은 내게 '언젠가'가 존재한다는 점에 동의했고 중서부 작은 마을 출신인 백인 소녀들이 기대하는 일상적인 일들로 가득 차 있을 거라는 데에도 의견을 함께했다.

노년기를 주제로 한 대화에는 앞으로 벌어질 일에 관한 이야기도 있지만 걱정스러운 어조로 진행되며 투자나 선택 사항에 대한 언급은 거의 없다. 보부아르는 나이가 많은 사람은 미래에 중요한 존재로 인식되지 않으며 단지 미래가 있는 사람으로 간신히 인식될 뿐이라고 말한다. 한때 그는 프랑스 철학자가 말한 것처럼 "나이 든 인간은 집행유예를 선고받은 시체에 지나지 않는다."라는 문장을 썼다. 나는 당황했지만 무슨 뜻으로 쓴 말인지 깨달았다. 상황과 조건이 갖춰진 자신을 제외하고는 나이 든 사람에게 투자하려는 이가 많지 않을 것이다.

사람들은 노년기를 성년기의 연장선으로 보지 않는다. 신체적 변화를 고려하면 이런 인식은 어느 정도 합리적이다. 이런 변화 때문에 신체가 인생의 또 다른 진영으로 들어가는 것처럼 보일 수 있다. 청년기와 중년기에도 변화가 찾아오지만 그 시간에 우리는 더 많은 통제권을 지니며 구속과 제약의 위협에 직면할 일이 적다. 진지하게 받아들여지지 않을 가능성 또한 더 적다. 아무도 "성인은 정말 온전한 인간인가?"라고 묻지 않는다. 인종차별주의자나 성차별주의자의 편견으로 바라보는 경우를 제외하면 성인은 온전한 인간이다.

하지만 50세나 60세가 되면 아무도 자신에게 많은 걸 기대하지 않는 상황에 놓일 수 있고 다시 한번 자신이 온전한 인간인지 아닌지 의문이 들게 된다. 사회는 청년기나 노년기에 그다지 중요한 일이 일어나지 않는다고 말한다. 청소년은 아직 인생의 풍요로움 속에서 일어나는 모든 걸 해결할 유용한 가족의 일원이 아니며, 많은 노인은 상처를 입고 지하실로 쫓겨나 쓸모없는 존재라고 여긴다.

『노년』을 계속 읽으며 가장 먼저 떠오른 유사성은 젊은층과 노인층 모두의 소외였다. 흔히 유용성은 절대적인 자유로움에서만 온다고 생각하지만 자유가 없으면 쓸모도 없다. 하지만 나는 인생의 두 시기에서 모두 자유롭고 평등한 사람으로 대접받고 싶어 했다는 걸 깨달았다. 나는 이바지할 수 있길 바랐고, 다른 사람들이 그런 내 공헌이 가치가 있다고 생각하길 기대해왔다. 하지만 안타깝게도 그런 기대는 10대 시절에 충족되지 않았다. 그리고 지금도 그런 일은 자주 일어나지 않는다. 인생의 두 시기에서 모두 나는 다른 사람이 내가 누구인지가 아니라 내가 무엇인지에 대해 미묘하지만 강하게 중점을 두는 걸 느꼈다. 나는 어린아이였고 지금은 나이 든 여자다. 나는 정말 온전한 인간인가?

╱╱╱╱╱╱╱

브루스가 스스로 세상을 떠나고 그 일로 우리는 살던 집에서 마을 건너편의 다른 집으로 이사했다. 지금은 그리움의 대상이 되었지만 브루스는 내가 사랑하고 소중히 여기던 형제였다. 그런 그를 잃으면서 내 첫 번째 성년기는 암울한 시간으로 채워졌다. 정말이지 어둠만 가득했다. 몇 달 만에 우리 가족은 여섯에서 부모님, 여동생, 그리고 나 이렇게 넷으로 줄었다. 브루스가 죽은 뒤 트라우마에 시달리며 지독하게 힘들어하던 동생 마이클은 속 썩이는 행동을 하기 시작했다. 부모님은 정신과 의사로부터 고등학교도 졸업하지 않은 마이클을 해군에 입대시키라는 조언을 들었다. 부모님은 이 조언을 받아들였고 그는 평생 해결되지 않는 감정과 술, 불행으로 점철된 삶을 살게 되었다.

살던 곳에서 몇 걸음 떨어진 새집에서, 남은 우리 가족에겐 슬픔과 외로움의 물결이 몰려왔다. 그럼에도 불구하고 나는 다른 청소년들처럼 엄마와 대화하고, 경계를 시험하고, 타인에 대한 의존에서 벗어나 스스로 삶을 탐구하는 실험을 했다. 나는 내가 누릴 수 있는 모든 자유를 갈망했다. 또래 친구들과 마찬가지로 독립에 대한 갈망을 느끼면서도 편안하고 싶다는 욕구와 씨름했지만 독립의 순간은 다른 사람들이 부여하는 권한에 의존해야 했다.

나도 이 두 번째 성년기에 부모와 친척, 친구를 잃는 슬픔과 함께 자율성이 매우 소중하게 느껴지는 시기를 경험하고 있었다. 다시 말하지만 독립에 대한 위협은 다른 사람의 허가나 권

한과 관련이 있다. 치명적인 추락, 심각한 질병, 수업, 기억력, 시력, 정신력의 상실 등 다른 것들이 내 자유를 부분적으로 또는 한꺼번에 박탈할 수 있다. 나는 젊은 시절 완전한 자유를 추구했고 권위는 뒤로 밀렸지만 때로는 자유와 의존이 겹치는 경험을 했다. 예를 들어 백내장 수술을 받기 전까지는 밤에 운전할 수 없었는데 60대가 되어서야 그 제약이 풀렸다.

한때 사람들은 한 소녀가 여자로 성장하는 모습을 보았지만 이제 그들은 나를 볼 때 특정 나이의 여자를 보거나 '특정 나이'가 의미하는 무언가를 뛰어넘는 어떤 가정을 하고 있을지 모른다. 물론 성장에 대해서는 어떤 가정도 하지 않은 채로. 내 관점에서 볼 때 열세 살 때 거울에 비친 소녀는 열일곱 살에 대학 진학을 회피한 나와 닮은 구석이라고는 찾아볼 수 없고, 반면 예순 살 때 거울에 비친 얼굴은 10여 년이 지난 지금의 내 모습보다 나에게 익숙한 나와 더 비슷해 보였다.

『노년』에서 보부아르는 신체적인 현실뿐 아니라 다른 혼란스러운 현실, 즉 삶의 주류에서 배제된 채 기다려야 하는 지루함, 경제적 불안 등 노인과 젊은이 모두에게 보이지 않는 곳에서 발생하는 현실을 고려한다. 또 다른 공통점도 있다. 모든 청소년은 자신이 '어린 시절'에서 벗어나고 있다는 걸 알고 있으며, 노인들은 종종 '어린 시절'에 관해 즐겨 이야기한다. 두 경우에서 모두 어린 시절이 존재한다는 점이 놀랍다. 그렇다. 우리는 모두 어린아이였다.

　그리고 시간이라는 것도 있었다. 보부아르는 다양한 연령대가 시간 자체를 경험하는 이상한 방식을 관찰했다. 나와 내 친구들은 이 점이 의아했다. 하루, 일주일, 한 달, 일 년, 십 년이 왜 이렇게 빨리 지나가는 걸까? 어린 시절에는 마치 시간이 존재하지 않는 것처럼 느낀다. 아직 시간에 대한 어떤 틀에도 적응하지 못한 것이다. 어릴 때 보통 나는 시간을 '말할 수'조차 없었지만 사실 시간도 내게 특별히 전해줄 것이 없었다. 모든 게 새로워서 마주하는 모든 것에 집중했고 매 순간 여유롭게 짐을 풀다 보니 하루가 길게 느껴졌다. 이제 내 경험에 따르면 내 세상에 한 번도 일어나지 않은 일은 별로 없다. 빠져들 만큼 새로운 게 많지 않기 때문에 내 시간은 결승선을 향해 달리는 경주마 같다. 생의 한 줄기처럼 어떤 색은 흐릿해지고 점점 더 빨라지는 발굽 소리가 땅을 울린다.

　보부아르는 여행을 통해 새로움의 재현이 가능하다고 설명한다. 많은 사람이 은퇴한 뒤 여행을 꿈꾸는 이유도 바로 이 무의식적인 개념에 대한 이해 때문일 수 있다. 시계가 여전히 똑딱거리더라도 여행자의 고민과는 무관한 고향의 시계일 것이다. 여행자는 삶 자체가 시간을 초월하는 방식으로 작용하는 곳으로 이미 떠나 있을 테니까.

모든 통찰에도 불구하고 『노년』은 낙관적인 책이 아니다. 나이 듦의 거의 모든 측면에 재앙이 도사리고 있다. 때때로 순조롭게 진행될 때도 있겠지만 노년을 주제로 한 책에 포함하기에 적합한 주제로 보이지 않았을 수 있다. 하지만 나는 보부아르가 청소년기와 노년기의 삶의 유사점에 관해 이야기할 때마다 호기심이 생긴다. 또 노년기가 청소년기를 반영할 수 있는 또 다른 방법이 있을지도 모른다는 생각에 흥분했던 것 같다.

나는 성장 이야기에 관해 생각했다. 독자와 크게 다르지 않은 어린 주인공이 준비되지 않은 도전에 발을 들여놓는 이야기에 독자가 어떻게 반응할지 생각했다. 주인공은 장애물과 싸우고 그 반대편으로 나와 완전히 변한 모습으로 더 완전한 사람의 삶을 경험할 준비가 되어 있다. 다시 말해 독자, 혹은 시청자는 위협적인 변화에 직면했지만 여전히 미래가 있는 인물을 자신과 동일시하게 된다.

이게 제2의 성장이 될 수도 있다는 건 말할 필요도 없지만 나이가 들어가는 과정의 일부로 간주되지는 않는다. 언급조차 드물고 글로 쓰는 일은 더더욱 없다. 그럼에도 불구하고 실제로 이런 일은 일어나고 있다. 지금 이 순간에도 많은 곳에서 수백만 명의 노인이 경험하고 있다.

어렸을 때 성장 소설을 읽으며 주인공은 항상 위험과 반대편에 선다는 걸 알았다. 그 인물과 나를 동일시했기 때문에 모든 장애물과 슬픔, 혼란을 극복할 수 없을 것 같은 상황에서도 나 역시 그처럼 해낼 수 있다는 위안을 얻었다. 덕분에 일종의 믿음이 생겼다.

베티 스미스Betty Smith는 『나를 있게 한 모든 것들A Tree Grows in Brooklyn』에서 프랜시에게 더 나은 삶을 위한 관문으로 도서관을 제공했다. 『새장에 갇힌 새가 왜 노래하는지 나는 아네I Know Why the Caged Bird Sings』에서 마야는 트라우마로 인해 말을 하지 못하지만 버사가 그를 시로 이끌어주면서 목소리를 되찾는다. 레이린 이모는 영화 〈돈 크라이 마미Bastard Out of Carolina〉의 학대받던 소녀 본이 마침내 믿을 수 있는 사람이다. 가족이 믿는 종교에 굴복한 엄마에게 타고난 성 정체성을 계속해서 억압받는 영화 〈오렌지만은 과일이 아니다Oranges Are Not the Only Fruit〉의 자넷은 미스 쥬스버리에게 도움을 받는다.

긍정적인 결과의 중요한 부분은 주인공이 자신에게 나타나는 것에 어떻게 반응하는지와 관련이 있다. 주인공은 자신의 성장을 위해 제공되는 자원을 활용해 역할을 수행해야 한다. 젊은 독자로서 나는 이 주요 특징을 파악하는 데 시간이 걸렸다. 원은 저절로 완성되지 않는다. 예를 들어 『제인 에어』를 처음 읽었을 때, 심지어 두 번째나 세 번째로 읽었을 때도 이 요소를 이해하지 못했지만 결국 대저택에서 가정교사로 일할 기회가, 아니면 있는 그대로 사랑받을 기회가 가난한 제인에게 선물처럼 보일 수 있다는 점을 이해하게 되었고 그래봤자 직책과 사랑만으로는 제인이 원하는 삶을 살기에 충분하지 않다는 사실도 알게 되었다. 그 집의 상황이 복잡해지자(소설 속 대저택이 '가시 들판 저택'이라고 불리는 데는 이유가 있다) 제인은 그곳을 떠나 1년 동안 아무것도 없는 곳에서 다시 시작해 자신에게 새 이름을 지어주고 미래에 일어날 갈등을 해결할 힘과 균형을 얻는다. 이렇게 균형 잡힌 자아를 구축함으로써 제인은 다른 사람이 원하는 변화가 아닌 자신이 원하는 변화에 자기 자신을 열 수 있게 되었다. 이런 내면의 성장은 그가 더 나은 삶을 살 수 있는 특권을 안겨주었다.

보부아르는 젊은층과 노년층을 비교하지만 분명 노년층에 대한 글쓰기에 더 관심이 있다. 보부아르는 가끔 두 그룹을 비교하기도 했다. 대부분의 내용에서는 독자들에게 노인이 어떻게 대우를 받으며 왜 그러한지 말하고 싶어 한다. 적어도 내가 읽은 긴 섹션에는 성장소설에 관한 이야기가 없다. 선물에 관한 이야기도 없고 선물이 찾아온다면 그것을 만나야 한다는 중요한 사실을 다룬 이야기도 없다. 비슷한 정신적, 정서적, 사회적, 물리적 장애물에 직면했던 청소년기의 자신을 되돌아보고 그때의 경험을 통해 배우는 게 좋을지도 모른다는 생각을 들게 하지도 않는다.

보부아르가 이런 말을 직접 하지는 않았지만 나나 다른 누구도 어린 시절부터 어른이 되기까지의 급격한 변화를 어떻게 극복했는지 스스로에게 물어보지 못할 이유는 없었다. 우리는 자신에 대해 스스로에게 어떤 이야기를 했을까? 우리는 어떻게 살아남았고 또 어떻게 잘 자라날 수 있었을까? 이전에 큰 변화라는 도전을 극복했으니 이번에도 다시 해낼 수 있을 것이다. 내게는 나 자신에 관해 잘 알아낸다는 장점이 있다. 그렇다면 재능은 어떤가? 한 가지였나? 아니면 여러 가지였나? 어떻게 알아차렸나? 지금 스스로에게 사용할 수 있는 무언가가 있나? 사춘기와 노년기라는 두 문턱에는 높은 잠재력이 있는 것 같지만 그걸 발휘하기 위해서는 볼 수 있어야 하고 자신에게 다가갈 수 있어야 한다.

처음 이것을 떠올렸을 때 어린 시절 몸과 정신이 통제할 수 없는 방식으로 변화하는 동안 온갖 장애물에 시달리고 위축되고 제한되며 거절당했던 내 모습을 보았다. 나 자신을 스스로 인정하고 사회가 나를 다르게 대하기 시작했을 때도 현실을 받아들이고 앞으로 나아갈 방법을 찾았다. 적어도 지금은 내가 어떤 사람인지 알기 때문에 사춘기를 극복하는 방법을 찾는 게 지금 같은 일을 겪는 것보다 훨씬 더 힘들다는 생각이 들었다. 그때만 해도 나는 스스로를 제대로 알지 못했고, 혹시 아는 부분이 있었다고 해도 그걸 다룰 언어가 없었다. 그럼에도 불구하고 우리는 폭풍우가 휘몰아치는 바다를 건넜다. 적어도 우리 대부분은 그랬다.

내 형제는 슬프게도 여정을 완주하지 못했다. 스스로 세상을 떠난 그는 사춘기를 지나는 내 인생의 한 단락에 PTSD(외상 후 스트레스 장애)를 더했다. 나는 김이 모락모락 피어오르는 싱크대 너머 뒷마당을 바라보며 아무것도 느끼지 못했다. '정상적인' 청소년의 마음 상태가 온갖 변화와 PTSD, 또 이 조합의 압박으로 얼마나 지친 상태였는지는 잘 모르겠다. 이런 일들이 내면에서 어떻게 진행되는지 아무도 확신할 수 없겠지만 이제 나는 혼자가 아니었다는 걸 안다. 수년 동안 내가 읽고 대화를 나눈 많은 사람의 말을 합쳐보면 수많은 이들이 온갖 학대와 인종차별, 괴롭힘, 방치, 심리적 피해, 빈곤, 교육 부족, 깨끗한 공기와 음식, 물에 대한 접근 등 다른 부담에 직면하면서 그 시기의 호르몬 변화와 사회, 심리학적 과정을 거친다. 내가 직면한 어려움을 어떻게 극복했는지 되돌아보고 훨씬 더 어려운 역경을 딛고 자기 길을 찾아낸 다른 사람에 관해 알게 되면 지금 우리 앞에 놓인 미래로 나아갈 자신감이 높아진다.

돌이켜보니 그 시기에 내가 받은 가장 중요한 선물도 쉽게 찾을 수 있었다. 그 늦은 여름날 작은 책상을 들고 새 침실로 옮겼을 때 나는 내게 찾아온 행운을 믿을 수 없었다. 마침내 내가 직접 고른 물건이 엄마가 날 위해 단장한 방에 들어온 것이다. 전에 쓴 침실은 서랍장과 램프, 격자무늬가 가득한 흰색 시트 등으로 꾸며져 있지만 화려하지는 않았다. 하지만 이 새로운 공간의 침대보는 흰색 바탕에 파스텔 톤의 노란색과 분홍색 꽃이 희미하게 깔려 있었다. 엄마는 벽을 밝은 노란색으로 칠하고 창문에는 레이스 장식 커튼을 달았다.

나는 엄마가 내 작은 옷장에서 플란넬 셔츠와 반팔 면 블라우스 말고 다른 옷을 보고 싶어 했다는 걸 알았다. 엄마가 검은 벨벳 슬랙스에 흰색 러플 깃 블라우스를 입고 에나멜가죽 구두를 신고 있는 내 또래 여자아이의 사진 카탈로그를 보여줬을 때는 소름이 돋았다. 언젠가 나도 저런 옷을 입고 싶어질지 모른다는 생각에 어색한 마음도 들었다. 지금 누군가 나에게 유골함 카탈로그를 건네면서 유골함을 주문할 생각이 있는지 묻는 것 같은 기분이었다. 나를 생각해주는 마음은 고맙지만 아직 난 준비가 되지 않았다.

창가 자리 반대편에 있는 찬장 선반에는 세탁 세제 상자에 담긴 내 돌 수집품과 천천히 부패해 죽은 벌레 몇 마리가 든 병, 자전거를 타고 시내를 돌아다니며 거리와 공터에서 주운 깃털과 버드나무 가지, 밤, 알록달록한 나뭇잎이 들어 있었다. 모두 전에 쓰던 침실의 선반에서 가져온 것들이다.

새 침실과 그 덫에 걸리기 전에도 뭔가 심상치 않다는 걸 알고 있었다. 어지럽게 분홍색을 띤 갈색의 팽창된 작은 혹 두 개가 가슴 위로 고통스럽게 부풀어 올랐다. 팔과 다리가 몸통에서 벗어나기라도 하듯 자라났고 어색한 그 길이 때문에 예기치 않게 서로 부딪히고 엉키기도 했다. 더 많은 변화가 두렵기도 했지만 한편으로는 궁금했다. 미지의 세계는 어두운 숲처럼 무섭지만 향기로웠고 깊은 가능성으로 가득 차 있었다. 그 안에서 무언가가 말없이 나를 불렀고 이국적인 새들의 희미한 합창이 들렸다. 홀린 듯 그쪽으로 걸어갔다. 나는 내 돌들과 죽은 벌레를 좋아했지만 새로운 노래가 내 안으로 들어오는 걸 느낄 수 있었다. 숲이 무얼 품고 있는지 알고 싶었고, 가능한 한 오랫동안 숲의 공포로부터 멀리 떨어져 있어야겠다고 다짐했다.

코번 부인의 책상이 꽃이 만발한 침대와 돌 상자로 가득한 내 방에 들어왔을 때 내 머릿속은 걱정으로 가득했다. 내 앞에 닥친 변화의 규모를 파악할수록 무엇을 해야 할지, 어떻게 되어야 할지 끊임없이 고민했다. 책상은 그 모든 변화의 한가운데에서 나 자신을 맡길 안전한 장소가 필요할 때 찾아왔다. 하지만 코번 부인은 어떻게 이 사실을 알았을까?

─────

그해 여름밤은 덥고 습했다. 나는 큰 침실 바로 위에 있는 코번가의 평평한 지붕에서 많은 시간을 보냈다. 메리의 형제자매는 거기서 파자마 파티를 열고 동네 아이들을 초대했다. 우리는 계단을 따라 2층으로 올라가 안방 침실 옷장 벽에 못을 박은 짧은 사다리를 탔고 또 마지막으로 가파른 사다리 계단을 올라가 좁은 문을 통과한 다음, 하늘로 열린 지붕 위에 담요와 베개를 던지고 자리를 잡곤 했다.

코번 부부는 바로 아래 침대에 누워 옷장의 불을 켜고 옥상 문을 열어두어 아래층으로 내려가고 싶은 사람이 있으면 손쉽게 사다리를 찾을 수 있게 해주었다.

우리는 간질거리는 담요 위에서 한참을 굴러다녔고 모기를 잡는다며 팔을 마구 휘젓다가 재미있는 이야기를 하며 낄낄거렸다. 이 모든 밤의 마지막 무대가 어쩌다 시작되었는지는 정확히 기억나지 않는다. 나는 거기서 가장 나이가 많지도 가장 어리지도 않았지만 모두가 조용해지면 옥상에 널브러져 있는 사람에게 전부 들릴 만큼 큰 소리로 이야기를 들려주었다.

나는 항상 부모님과 여러 친척에게 이야기를 들려주곤 했지만 이제는 코번가의 지붕에서 내 이야기를 들을 새로운 청중을 찾았다. 그들은 내가 만든 캐릭터가 위험에 처한 이야기를 귀 기울여 들었고, 그러다가 마침내 모두가 밤하늘 아래에서 잠이 들었다. 그리고 나서는 내가 눈을 감았다.

이 기억을 다시 떠올렸을 때 코번 부인이 그 이야기의 전부 또는 일부를 우연히 들었을지도 모른다는 생각이 들었다. 코번 부인은 내가 그 이야기를 적을 나만의 책상이 있으면 좋겠다고 생각한 걸까? 소녀가 되거나 여자가 되는 것과는 어느 식으로든 연결되지 않는 자유를, 오직 나만의 것이라는 특별한 자유를 누릴 수 있음에 부인에게 감사한 마음이 들었다. 덕분에 한 형제를 잃고 또 다른 형제가 오래도록 곁에 없는 슬픔에서도 벗어날 수 있었다. 그해 여름이 끝날 무렵, 책상이 침대 맞은편 벽에 자리를 잡자마자 연필과 메모장을 집어 든 다음 처음으로 내 이야기들을 적어 내려가기 시작했다. 나는 집중했다. 머릿속에서 동원할 수 있는 모든 상상력을 최대한으로 발휘했다. 책상과 함께 나는 그전까지는 없어선 안 될 존재인지도 몰랐던 원을 닫았다.

글을 쓰는 행위는 내가 붙잡을 무언가를 주었다. 책상은 내가 길을 잃었다고 느낄 때 작은 배 역할을 하며 캐릭터와 장소로 나를 데려다주었다. 책상 앞에서는 항상 이야기가 쏟아져 나왔다. 노트에 담긴 완성된 작품들은 반 친구들과 소통하는 방법을 알려주었다.

사춘기가 길어졌을 때도 계속 글을 썼고 대학에 진학한 뒤에도 더 진지하게 글쓰기에 임했지만 엄마가 오리건으로 이사 온 60대 초반이 되자 글은 다시 한번 처음 글쓰기를 시작했을 때 충족했던 모든 걸 충족시켜주었다. 엄마와 함께 보낸 시간을 블로그에 기록하면서 나는 수십 년 동안 써온 글보다 더 많은 글을 써 내려갔다. 블로그를 팔로우하는 다른, 나처럼 엄마를 돌보는 딸들에게서 동지애를 느꼈고 돌볼 부모가 없는 사람들을 포함해 많은 사람이 엄마의 소식과 지나온 삶, 우정, 낭만적인 일탈, 그리고 엄마의 슬픔까지도 알고 싶어 한다는 사실이 놀랍고도 기뻤다. 엄마와 나는 여전히 옷에 대한 의견이 달랐지만 이전보다 훨씬 더 많은 것을 공유할 수 있었다.

그렇게, 오래전부터 시작된 글쓰기 습관과 함께 엄마라는 존재 자체가 내 노년의 입구에서 선물로 찾아왔다. 우리가 함께하는 것에 관해 쓸 때 나는 간병으로 인한 경제적 압박과 자유의 제약에 대한 불안감, 그리고 나 자신이 나이 드는 것에 대한 두려움에서 벗어날 수 있었다. 또 엄마가 좋은 본보기가 되었다. 블로그는 나에게 장수의 현실을 실제적이면서도 재미있게 다른 사람들에게 털어놓을 기회를 주었다.

70대가 된 지금, 엄마가 없는 나는 매일 나이가 드는 걸 절실히 느끼고 있다. 그 차이는 내가 열세 살이 되었을 때와 열여섯 살이 되었을 때의 기분을 떠올리게 한다. 이번에는 숲이 결국 어둡고 깊어지리라는 걸 알고 있다. 그 시기가 올 것이다. 숲에 들어올 때 선택의 여지가 없었으므로 때때로 사춘기에 느낀 두려움의 메아리에 갇혀 있는 것 같은 기분이 든다. 하지만 알 수 없는 초기 단계를 훨씬 뛰어넘은 이곳에서는 대부분의 것들이 생각보다 훨씬 덜 무섭다는 걸 알게 된다. 지금은 과정 자체에서 만족감이 들고 그 만족감의 대부분은 그때처럼 내가 원할 때, 내가 원하는 사람을 위해 글을 쓰는 데서 얻는다.

〰〰〰〰

이 모든 걸 되돌아보고 얼마 뒤 친구 주디에게 성장하는 동안 했던 일들을 스스로 되돌아보는지 물었다. 주디는 "사춘기 때 노래 가사를 듣고 그 가사의 요소를 입체적으로 만들고 싶다고 강하게 생각한 적이 있다."라고 대답했다. 그래서 주디는 신발 상자에 노래를 표현한 디오라마를 만들었다. "당신이 믿어주기 전까지는 그저 골판지 바다를 항해하는 종이 달일 뿐이었어요." 주디는 가족 중 누구도 이 노래를 신발 상자에 담아내는 아이디어를 반기지 않았지만 어쨌든 자신은 해냈다고 덧붙였다. 그런 다음 주디는 60대 초반에 받은 암 진단에 관해 이야기했다. "암 진단과 치료를 받고 나서 이 아이디어를 다시 실행했지. 자작나무 껍질로 만든 카누를 타고 별들 사이로 하늘을 항해하는 내 모습을 작은 디오라마로 만들고 나니 무척 편안한 기분이 들었어."

이제 여든두 살이 된 주디는 디오라마와 함께 책도 만들고 있다. 그가 만든 책 중 하나는 빨간색 아코디언 모양으로, 정확히 악기가 접히는 그 모습으로 접힌다. 그 책은 주디가 전에 그랬던 것처럼 새 빨간색 아코디언으로 처음 음악을 연주하기 시작한 어린 소녀의 이야기를 담고 있다.

친구 다이앤은 선율과 화음을 느끼기 위해 오래된 찬송가를 피아노로 다시 연주하기 시작했다. 그러면 10대 시절 성가대에서 노래를 부를 때의 즐거움이 떠오른다고 한다. 다른 친구들은 가능한 한 많은 시간을 밖에서 보내고 기타를 연주하고 달리기를 하고, 심지어 담배를 다시 피우는 등 소녀 시절에 좋아했던 모든 걸 다시 시작하게 되었다고 말했다. 그 말을 듣고 얼마나 많은 여자가 노년기에 이렇듯 추억을 되살려 현재의 삶에 끌어오는지 궁금해졌다.

〰〰〰〰〰〰

우리 가족은 미네소타의 작은 마을을 떠나 사우스다코타에 있는 조금 더 큰 마을로 이사했다. 코번 부인이나 메리, 또 그 가족들을 다시는 보지 못했지만 코번가의 지저분한 지하실에서 구조한 책상은 내가 집을 떠난 뒤 오랫동안 부모님 곁에 남아 있다가 어느 날 다시 내게 돌아왔다. 책상 서랍에는 사진과 편지, 카드, 일기장 몇 권이 들어 있었다. 요즘 나는 식탁에서 글을 쓴다. 여기서는 왜가리와 거위, 물수리, 독수리, 가마우지가 집 창문 너머로 날아가는 모습이 보인다. 최근 몇 년간 내게 주어진 선물들이다. 나는 이 선물들을 고마운 마음으로 마주한다. 때로는 원을 닫는 것처럼 아주 간단하다. 나는 오래전에 그 방법을 배웠다.

There Was an Old Woman

2

나는 나이 든 여자입니다

삶의 길이

도서관에서 방출된 책들을 보관하고 판매하던 100년이 넘은 카네기의 한 도서관에서 언젠가 1달러를 주고 얇은 수필집을 구입한 적이 있다. 세월이 흐를수록 그 책은 내게 점점 더 큰 의미로 다가왔다. 진 리스Jean Rhys의 『나의 날들My Day』은 가로 12.7센티미터에 세로 17.8센티미터 크기로, 짧은 수필 세 편이 담겨 있다. 리스가 쓴 모든 작품을 안다고 생각했는데 이 글에 관해서는 들어본 적이 없었다.

　진 리스는 자신의 대표작 『광막한 사르가소 바다Wide Sargasso Sea』를 오랜 시간에 걸쳐 썼는데, 글의 대부분은 말년에 집필했다. 『제인 에어』에 나오는 저택의 다락방에 갇힌 여자의 격정적인 뒷이야기를 출간했을 때 그의 나이는 일흔여섯이었다. 『나의 날들』의 출판 연도를 확인하니 1975년이었고 당시 그는 여든다섯이었다. 그 책을 읽었을 때 나는 누군가 내게 이야기해준 적 없는 주제에 관해 처음으로 정중히 말을 거는 기분이 들었다. 바로 나이 듦의 내면에 사는 게 어떤 기분일까라는 주제였다.

이 작은 책 속에는 위대한 작가의 목소리가 담겨 있었다. 그가 태어난 고향 도미니카의 맑은 물처럼 투명한 산문으로 데번의 '허름한' 집에서 나이 드는 게 어떤 건지 묘사하고 있었다. "나이 듦은 매끄럽고 빠르게 찾아오지 않는다. 오히려 일련의 갑작스러움들로 다가온다. 첫 충격 뒤에는 천천히 회복된다. 그리고 그 결과와 함께 '살아가는 법'을 배운다. 그러고 나면 또 다른 충격이 계속해서 찾아온다."

이 글귀를 읽고 10년도 훨씬 지난 뒤에 내게 노년이 다가왔음을 알리는 첫 번째 신호가 찾아왔다. 한번은 식료품점에서 줄을 길게 선 적이 있었다. 카트에 물건을 가득 채웠는데 줄 서서 계산을 기다리는 동안 그 물건들이 전부 별 필요 없는 것처럼 느껴졌다. 허리가 아파서 그랬을까도 싶었지만 마흔이 넘은 뒤로 계속된 증상이니 그것이 이유가 될 순 없었다. 다만 그날이 유독 달랐던 건 편안하게 서 있을 수 있게 스스로 몸을 통제할 수 없었기 때문이었다. 간신히 줄이 조금씩 줄어드는 동안 조바심이 커지는 것도 다른 날과 달랐다. 나는 카트를 다시 아무 통로에나 밀어 넣은 다음 그대로 밖으로 나가는 상상을 했다.

하지만 결국 줄을 빠져나오지는 않았다. 그 순간 나를 포함한 모든 사람이 천천히 먹이를 집으로 나르는 개미처럼 느껴졌다. 나는 그다음에 해야 할 일들을 머릿속으로 떠올렸다. 한 걸음 한 걸음 줄을 따라 앞으로 나아가면 계산대 위의 컨베이어 벨트에 도착하겠지. 그럼 물건을 담고 계산을 한 뒤 카트 속 물건들을 차로 옮겨야 해. 천천히 다리 쪽으로 운전하자(혼잡한 시간대였으니 더 잘 계획을 세웠어야 했다). 고속도로에서는 차가 꽉 막히겠지. 그리고 마지막으로 정박소 주차장에 도착하자. 하지만 그게 끝이 아니었다. 차에서 물건을 내려 갑판이 아닌 재활용 센터 근처에 두고 온 카트에 실어야 했고, 그 카트를 밀고 24미터 정도 되는 가파른 경사로를 따라 내려가 하우스보트에 도착한 뒤에는 또다시 모든 물건을 내려야 했다. 그래야만 비로소 강을 바라보며 멍하니 앉아 있을 수 있었다. 나는 아무것도 하지 않을 수 있는 그 시간이 간절했다. 너무 간절한 나머지 가슴이 아플 정도였다. 불과 한 달 전쯤 나는 예순네 살이 되었다.

◇◇◇◇◇◇◇◇

그때 나는 '나이 들었다'라는 감각을 인식했던 걸까? 그 순간 진 리스의 문장이 떠올랐을까? 아마 그렇지 않았을 것이다. 하지만 노년이라는 부서에서 10년을 더 근무해온 요즘 나는 그

날과 리스의 글을 여러 번 떠올려본다. 내면에 아무것도 없는 상태, 완전한 평온 속에 앉아 있고 싶은 욕구가 점점 더 자주 마음속에서 꿈틀거리기 시작했다. 마치 아침 일찍 수영하고 싶은 생각, 해변에서 달리기하고 싶은 생각, 파티에 가고 싶은 생각처럼 찾아왔다. 오직 '존재만 하고 싶은 마음'이 공기처럼 익숙해졌다. 다른 욕구들도 여전히 나를 부르지만 빈도가 너무 드물어 어쩌다 그런 욕구가 들 때는 낯선 사람이 어깨너머로 말을 걸어올 때처럼 "뭐야?" 하고 깜짝 놀라게 된다.

만약 그날 식료품점에서 겪은 경험에 '나이 들었다'라는 단어를 떠올렸다고 해도, 또 그걸 직접적으로 표현하는 게 두렵지 않았다고 해도, 어떻게 표현할 수 있었을까? 뒤에 선 젊은 사람에게 돌아서서 조금 놀란 얼굴로 이렇게 말할 수 있었을까? "저기요, 저 좀 나이 든 기분이 들어요." 아마 그 사람은 나를 위아래로 살피고 내 주름진 얼굴을 똑바로 바라본 다음 이렇게 말하지 않았을까. "그래서 놀랐단 말인가요?"

물론 외향적인 나조차도 전혀 모르는 사람에게 그런 말을 하지는 않았을 것이다. 식료품점 줄에서 한참을 조급하게 기다리는 것은 모든 연령대가 겪는 일이고 별로 큰 문제가 아니다. 하지만 조용히 평온한 상태로 앉아 있고 싶은 갈망과, 그 뒤를 이어 느리지만 확실하게 나이 들었다는 새로운 감정을 처음 느꼈을 때 그건 분명 누군가에게 한번쯤 말해볼 가치가 있는 주제다.

처음에는 누구에게도, 심지어 나 자신에게도 "나 나이 들었어", 혹은 조금 덜 무서운 표현이지만 "나 나이 들고 있어"라고 말하는 게 쉽지 않았다. 대부분의 사람과 마찬가지로 나도 나이 든다는 것과 정반대에 있는 걸 중요하게 생각했다. 노년기가 되면 에너지와 식욕(성욕을 포함해서), 체력, 그리고 전반적인 행복감에 변화가 찾아온다고 한다. 여기저기가 아프고 삐걱거리고 설명할 수 없는 피로감이 찾아오고, 심지어 아무것도 하지 않는 상태를 원하는 깊은 갈망까지 찾아온다고도 했다. 이런 것들이 과연 나이가 들어 생기는 징후들일까? 나는 스스로에게 묻곤 했다. 하지만 그러다가도 다시 생각해보면 다른 몸 상태에는 별문제가 없었기에 이런 증상들이 뭘 의미하는지 분명해 보였다. 어느 날 문득 평온한 상태에 있고 싶은 욕망이 바로 흔들의자가 발명된 이유라는 걸 깨달았다. 아마 이 의자는 나이 든 어른이 발명했을 것이다. 내가 언제 흔들의자에서 느끼는 편안함에 관해 생각해본 적이 있었을까? 아니, 그런 적은 한 번도 없다.

인생의 현 위치를 받아들이고 싶은 마음, 신체적 한계에서 오는 좌절감, 어쩌면 노년이 좋은 것일 수도 있다는, 기존 문화를 부정하려는 생각이 모두 마음속에 밀려 들어왔다. 이런 혼란스러움은 날 몇 세대 전부터 전해 내려오는 금욕주의의 영역까지 이끌었다. 정신 차려. 견뎌야지. 그리고 조용히 있어. 아무도 네 말을 듣고 싶어 하지 않아. 부모 세대의 구성원들은 이런 접근 방식에 익숙해 보였다. 그들은 대공황과 큰 전쟁을 겪으며 살아왔고 자신이 가진 것에 감사하며 살았다. 나이가 들었다고 불평하는 일은 허용되지 않았다. 그들의 부모와 조부모는 세계대전과 독감 대유행을 겪거나 그로 인해 목숨을 잃었다.

이런 금욕주의는 내가 자란 시대 및 미국의 주류 문화와 밀접하게 연관되어 있다. 이는 미국 중서부의 삶에서 강하게 드러나며 아무도 여기에 의문을 제기하지 않았다. 인생은 어렵고 일은 반드시 해내야 한다. 일을 하지 않으면 죽거나 다른 곳에 가서 살아야 한다. 조용히 하고 불평하지 말라는 명령은 평범한 직장뿐 아니라 가정과 학교, 교회, 심지어 놀이터에서까지 어디에서나 들려오는 불문율 같은 명령이었다. 아이들은 인내심을 완벽히 흡수해 누군가 물러서려는 기미를 보이면 그걸 무기로 사용하곤 했다. 징징대지 마! 겁쟁이! 패배자!

비교적 건강하다면 아무 일도 일어나지 않은 척하는 게 적어도 한동안은 도움이 되는 것처럼 보이기도 한다. 이런 태도는 운이 아주 좋았거나 평생 좋은 의료 서비스를 받았거나 아니면 이 둘 다에 해당하는 사람들에게서 흔히 볼 수 있다. 우리 연령대의 사람은 어떤 식으로든 타협을 한 사람들이라고 생각한다. "난 노인들과 함께 있는 게 싫어요." 또는 "난 나이 들었다는 생각이 안 들어요."와 같은 말을 하는 사람이 마치 나이 들지 않았다는 의미인 양 만든다. 이런 접근 방식을 보면 연민이 느껴진다. 그들의 삶이 계속된다면 결국 그들에게 어떤 일이 일어날지 우리는 안다. 우리는 모두 다른 사람들의 취약함에 동참할 수밖에 없는 순간을 맞닥뜨린다. 진 리스는 이렇게 말했다. "결국 당신은 더 이상 완벽히 건강을 되찾을 수 없고 더 쉽게 움직이거나 잘 보거나 잘 들을 수 없다는 걸 깨닫게 될 것이다."

노년기에 대한 글을 찾아 읽을수록 우리는 '노인'을 한 무리의 집단으로 보도록 배워왔다는 것을 알게 된다. 이런 관점은 모두가 각자 이 시기를 다른 방식으로 경험한다는 진실을 외면하게 만든다. 어린 시절부터 청소년기에 이르는 성장 과정이 모두 다르듯 노년기 역시 각자 모두 다르다.

친구들이 나이 듦에 관한 내 의견을 들으면 "아, 넌 그렇게 생각하는구나."라는 식으로 받아들일 거라 생각했다. 실제로 나보다 나이가 많은 친구 몇몇은 그렇게 반응했지만 다른 친구들은 부드럽지만 단호하게 그 경험을 계속 부정했다. 그들은 사실을 사실이라 주장하기 어려울 정도로 다정한 태도를 보이기도 했다. 우리는 모두 같이 나이 들어가고 있는데도.

아주 나이 든 사람들은 우리에게 노화가 찾아오면 결코 뒤돌아 떠나지 않는다는 걸 알고 있다. "나이가 들었을 때 자신이 젊다고 생각하는 건 불가능하다."라고 진 리스는 『나의 날들』에 썼다. 책 표지에는 이 주제에 관해 말할 자격이 있다는 걸 증명하는 저자의 사진이 실렸다. 백발의 리스는 어두운 배경에 앉아 카메라를 살짝 외면하고 있다. 가난하고 의존적인 여자, 심지어 자신처럼 아름답고 재능 있는 여자를 비롯한 모든 여자가 어떻게 대우받는지 너무 많이 목격해온 그의 커다란 눈은 이제 저 멀리 무언가를 엄숙한 호기심을 담아 바라보고 있다. 리스는 이렇게 말했다. "노인들은 매일 끊임없이 떠올린다. 매시간, 거의 매 순간 자신이 나이 들었다는 사실을 떠올리게 된다. 미친 사람이 아니라면 인정할 수밖에 없다."

나는 나 자신과 나이 든 친구들에게 "나이 든다는 일이 닥쳐올 수밖에 없겠지."라고 말한다. 분위기를 바꾸려고 하는 말이다. 백발의 진 리스가 담긴 표지 사진이 알려주듯, 그가 가장 생생하고 널리 읽히는 소설을 50대에 시작해 70대에 출간할 때까지 쉬지 않고 집필했다는 사실을 알면서 하는 말이다. 그의 말을 빌리자면 나이가 들었다는 사실을 믿지 않는 사람은 미친 사람밖에 없다.

하지만 여전히… 어쩌다 이렇게 나이가 들었을까, 하고 비교적 젊은 '노인'이던 그 시절에 혼자 조용히 자문했다. 몇 년이 지난 지금도 가끔 같은 질문을 던진다. 내 대답은 '그거야 내가 태어난 지 오래되었으니 당연히 나이가 들었지…'라는 것이지만, 그래도 묻는다. 해가 거듭되는 걸 보면서 이런 일을 예상하지 않았다면 현실을 부정하는 셈일 텐데도. 막상 내게 이 일이 닥치니 정말 놀랍다. 어떻게 이런 일이! 우리는 모두 자연 세계에서 살아가는 자연의 일부다. 그리고 이 자연 세계는, 알겠지만 다름 아닌 바로 자연의 법칙에 지배된다.

〰〰〰〰〰〰〰

사우스다코타의 어느 날, 겨울 하늘은 돌처럼 회색이었고 공기는 차가웠다. 그날 나는 첫 생리를 시작했다. 지난여름에 한두 번 신호가 잘못 오긴 했지만 이제 마침내 진짜 생리가 시작된 거였다. 피가 멈추지 않고 계속 흘렀다. 그때 내 나이는 열네 살이었다.

백화점에서 일하던 아빠는 아마 엄마에게 연락을 받았던 것 같다. 집에 돌아온 아빠가 선물로 새 코트 한 벌을 가져왔다. 그 코트는 공교롭게도 빨간색이었다. 아빠가 그 상징성에 주목했는지 아닌지는 모르겠지만, 별로 주목한 것 같지는 않았다. 우리는 그런 상징을 중요하게 생각하거나 이야기하는 가족이 아니었다. 어쨌든 부드러운 울 소재에 더블 버튼이 달리고 새틴 안감을 덧댄 코트는 내 몸을 감싸며 무릎길이까지 내려왔다. 재킷이 아니라 어엿한 성인 여자용 코트였다.

우리는 저녁 식사를 하면서도 생리에 관해서는 한마디도 하지 않았다. 나는 설거지를 마치고 숙제를 하려고 내 방으로 향했다. 계단을 오르는데 언뜻 보니 부모님이 거실에 서 있는 모습이 눈에 들어왔다. 둘은 마치 내가 자신들의 집 침대에서 잠들기 위해 계단에 내려온 경이로운 생명체라도 된 듯한 눈길로 날 바라보고 있었다.

그 순간, 이 특별한 날이 오기 전까지 그냥 살아온 것 말고는 아무 일도 하지 않았는데도 마법 같은 기분을 느꼈다. 나는 마치 공주가 발코니에서 신하들을 내려다보듯 살짝 고개를 돌려 부모님을 내려다보았고, 그들의 경이로움과 환희로 빛나는 얼굴을 향해 자비로운 공주의 미소를 지어 보였다. 그리고 나머지 계단을 올라가 내 방으로 들어갔다. 내 책들과 언제나와 같은 일상이 날 기다리고 있었지만 이제는 조금 더 나이 든 내가 그 삶을 살아갈 차례였다.

이 모든 일은 우리 세 가족 중 누구도 '생리'라는 단어를 입에 올리지 않은 상태에서 일어났지만 오래 지나지 않아 나는 친구들과 자연스럽게 그 단어를 사용했다. 나는 생리를 시작한 여학생들의 모임에 합류했고 비밀스럽게 '마법에 걸린 날' 같은 속어를 공유하거나 생리통을 하소연했으며, 학교 화장실에 있는 생리대 자판기에 쓸 동전을 서로 빌려주거나 갑작스럽게 '그날'인 줄 알았을 때의 이야기를 나누며 킥킥대며 웃고 실제로 생리를 시작했을 때 느낀 부끄러움과 당황스러움을 함께 나눴다. 우리는 사춘기 시절을 함께 보냈고 그 시기를 온전히 받아들였다. 생리는 고통스러웠지만 여러 가지 가능성을 열어주었다. 그중 하나가 임신이었지만 합법적인 낙태가 불가능한 나라에 사는 우리는 두려움에 그 단어는 언급조차 하지 않았다. 가장 중요한 건 이제 우리가 더 이상 아이가 아니라는 점이었다. 우리는 더 이상 인정받아야 하거나 누군가에게 소유되는 존재가 아니었다.

이제 나는 친구들이나 다른 누군가에게 나이 듦에 관해 편안히 이야기하고 싶다. 인생의 이 시기에 있다는 게 어떤 느낌인지 듣고 말하고 싶고, 또 그것이 부정할 수 없는 인간 삶의 자연스러운 변화로 이해되길 바란다. 진실은 무릇 다른 것에서도 그러하듯 여기서도 중요하다. 첫 생리가 앞으로 긴 인생이 기다리고 있다는 신호라면 노년은 남은 시간이 그리 많지 않다는 의미다. 하지만 나는 젊음을 원하지 않는다. 만약 진 리스처럼 정신적 또는 신체적 고통에 시달리지 않고 모든 힘을 생존이나 몸을 돌보는 데 쏟아붓지 않을 정도로 운이 좋다면 이 시기는 조바심이 나는 등 나름의 어려움이 있더라도 충분히 흥미진진하다. 어려움이 있더라도 온전히 살아가고 그 모습을 다른 이들에게 증언해달라고 요청할 가치가 있는 심오한 시간이다.

사람들이 인생의 이 지극히 자연스러운 시기에 접어들고 통과하는 게 어떤 기분인지 한두 문장만 이야기한 뒤 바로 사과하는 걸 들을 때면 괜히 마음이 찌릿하다. 몸의 통증을 느낄 때나 뭔가를 할 수 없게 되어 느낀 실망감, 혹은 진짜 고통을 언급하면 그들은 즉시 약간 머쓱한 표정으로 다음과 같이 말한다.

"이런 얘기 해서 미안해요. 이제 젊지 않으니 어쩔 수 없죠! 불평할 순 없어요. 불평하면 안 되죠. 불평하고 싶진 않은데 또 불평하고 있네요. 살아 있는 것만 해도 어디에요!"와 같은 말을 덧붙인다.

엉덩이 관절이 쑤시듯 아플 때 친구들 앞에서 아무 말도 하지 말아야 할까? 콕콕 찌르는 것처럼 아픈데도 이게 언급할 가치가 없는 사소한 문제일까? 아니면 충분하던 에너지가 오전 중에 갑자기 사라져 그 시간에 낯설게 다시 침대에 눕는 일이 벌어질 때, 그러니까 아침 10시에 다시 침대에 누워버리는 이 이상한 경험을 하게 될 때 입을 다물어야 할까? 또 눈이 타들어가는 듯 건조해서 좋아하는 책 읽기가 힘든데도 그 말을 하면 안 되는 걸까? 책 읽는 걸 정말 좋아하는데, 이 지경이 된 눈 때문에 아무것도 못 읽고 안약도 별 효과가 없을 때는 어떡하라는 걸까? 아니면 이제 더는 밤에 운전을 못 할 만큼 시력이 나빠졌을 때는? 밤에 친구들을 만나고 싶은데, 사랑하고 의지하는 친구들이 손이 닿지 않는 곳으로 점점 멀어져갈 때는? 또 언제 죽음이 닥칠지 모른다는 두려운 기분이 들 때는? 전에는 한 번도 그렇게 죽음을 생각해본 적이 없었는데, 지금 당장 죽을 수도 있다는 기분이 들 때는?

젊은 사람이 자기 몸과 그에 대한 불안함과 배신감, 혹은 두려움에 관해 이야기할 때는 어떤 사과의 말도 필요하지 않다.

젊은 사람은 사과하지 않는다. 우리는 생리통이나 월경 전 증후군 같은 몸의 변화를 이야기할 때 서로에게 사과하지 않았다. 생리통은 보통 관절염보다 훨씬 덜 고통스럽고 그에 비해 관절염은 생리통과 달리 한 달에 며칠만 아픈 게 아니기 때문이다.

젊었을 때 우리 자궁은 존재감이 두드러졌고 때로는 자궁 때문에 고통스럽기도 했다. 여자로서 우리는 생리통뿐 아니라 유방 크기, 성적 성향, 출산, 질 건강, 모유 수유, 체중, 자연유산, 낙태, 소파술, 다양한 통증과 수술 등 서로의 삶에 관해 계속 이야기했다. 심지어 처음 만난 사람이라도 같은 여자라는 걸 계기로 폐경을 주제로 대화하기도 했다. 한번은 공항 화장실에서 낯선 여자와 10분 동안 폐경기가 찾아온 생활에 관해 이야기 나눈 적이 있다. 그게 그 여자와의 첫 만남이자 마지막 만남이었지만 아무래도 상관없었다. 우리에게 그 주제는 항상 열려 있었다. 이제 그에 덧붙여 성과 트랜스젠더, 시스젠더cisgender(생물학적 성과 성 정체성이 일치하는 사람을 뜻함 – 옮긴이)를 화제로 삼아 이야기하기도 한다. 우리 몸이 노화와 관련된 변화를 겪기 전까지는 여자가 여자에게 이런 이야기를 하는 게 허용된다.

이런 주제들이 불편하거나 '불평'처럼 보인다는 이유로 자유롭게 이야기하지 않는다면 나이 듦과 함께 찾아오는 좋은 것들에 관해서도 자유롭게 대화하기 어려워진다. 신체는 지속적으로 변화한다. 이게 바로 문제의 진실이다. 신체의 수명을 어느 시점까지만 논의할 가치가 있는 것처럼 말하는 건 정직하다고 볼 수 없다. 노화가 어떤 느낌인지 솔직하게 논의하는 걸 금기시하는 풍습이 전해 내려왔고 노화를 자연스러운 상태로 인정하지 않으려는 풍조도 여전히 존재한다. 이렇듯 어려운 여건이지만 우리는 여러 장벽을 허물고 우리에게 일어나는 일에 관한 대화를 '불평'에서 나이가 든다는 게 어떤 건지 공유하는 대화로 바꾸는 데 최선을 다해야 한다.

／／／／／／／

리스는 나이가 들면서 자연에 더 많은 관심을 기울였다. 나 역시 인생 후반부에 들어 같은 즐거움을 느끼게 되었다. 많은 노인과 취약한 사람들, 특히 여자가 그러듯 리스 역시 종종 밤에 살짝 두려움을 느낀다. 『나의 날들』에 실린 마지막 수필에서 그는 요양원으로 사라진 이웃에 대해, 독립에 대한 욕구와 도움의 필요성이 공존하는 법과 각자가 개성 있고 유일한 존재인데 노인이라면 다 똑같이 취급하는 참을 수 없는 방식에 관해 쓴다. 그는 나이 많고 사려 깊은 사람이라면 누구나 하는 질문을 던진다. "노인들이 간섭이나 악의, 조롱 없이 자기 방식대로 살도록 가만두지 않는 이유는 무엇일까? 왜 모든 사람이 키 큰 사람은 팔다리를 잘라내고 키 작은 사람은 키에 맞게 늘려버리는 이 불편한 전설의 침대에 강제로 들어가야 하는 걸까? 성가신 노인은 곧 충분히 조용해질 것이다." 그는 현재를 사는 것(이 얼마나 엄청난 선물인가, 하고 그의 주장을 다시 읽으며 생각한다), 기분이 좋거나 적당히 좋은 수준인 날을 맞이하는 행복, 작은 일에서 느끼는 즐거움(무수히 많은 기쁨이 폭발한다), 예전처럼 모든 사건과 모든 관계가 중요하지 않다는 사실이 주는 안도감(정말 다행이다) 등의 놀라운 보상을 기뻐한다. 그리고 평온함. 이 마지막은 아무것도 하지 않는 시간, 내 소중하고 간절한 시간이다. 그런 시간 속에서 마음이 차분히 가라앉는다. 요즘은 창밖을 가만히 응시하는 것보다 그림 그리기나 사진 찍기에서 그 차분함을 더 자주 찾아내곤 한다.

이 수필들에서 리스는 자신의 상실에 관해서 언급하지 않는다. 나는 차라리 그가 상실을 느끼지 않아서 그런 거라면 좋을 것 같다. 물론 이 시기의 많은 상실이 어떤 느낌인지 공유하는 건 큰 도움이 된다. 하지만 우리가 불편함을 느낄 때 미안한 마음 없이 그 불편함을 자유롭게 이야기할 수 있다면, 어쩌면 젊은 사람들에게 삶 전체를 더 현실적으로 전달할 수 있을지 모른다. 그들이 우리 세대가 그랬던 것처럼, 노년의 도래에 그렇게 놀라지 않도록.

왜 상실을 포함한 모든 것에 목소리를 내지 못할까? 누군가가 33년, 42년, 65년 동안 함께한 소중한 친구나 배우자, 혹은 나이 든 반려견이나 고양이, 엄마나 아빠, 매일 이야기를 나누던 오랜 이웃, 밤마다 통화하던 자매를 잃은 슬픔을 나누고자 입을 떼면 무척이나 반갑다. 사람들은 상실감을 산더미처럼 쌓아놓는다. 어느 날 저녁 엄마가 요양원에서 가장 가깝게 지낸 셀리아가 저녁 식사를 하다 이렇게 말했다고 전했다. "이 모든 게 가끔은 소리 지르고 싶게 만들지 않아요?" 엄마는 동의하며 나중에 이 내용을 내게 이야기해 주었다. 셀리아의 그런 솔직함이 내심 좋았던 모양이다.

그때까지만 해도 상실감이 쌓이면 가끔 소리 지르고 싶을 때가 있다는 걸 이해하지 못했다. 90대인 우리 엄마에 관해 쓴 블로그를 읽은 사람을 포함해 당시 내가 알고 지낸 사람 대부분은 그런 감정을 알지 못하는 것 같았다. 가끔은 당연히 그럴 수 있다는 사실을 왜 알지 못할까? 노인은 불평을 늘어놔서, 장애나 질병 때문에 거동이 불편해서, 또 너무 많은 보살핌이 필요해서 문제로 인식된다. 이것 말고도 종종 소리 지르고 싶은 충동을 느낀다는 게 널리 알려진다면 어떨까? 이 불쾌한 사실을 알게 된다면 '친절한 노부인'이라는 달콤한 껍질이 벗겨지고 나이 든다는 게 때때로 복잡하고 어려울 수 있다는 사실을 받아들일 수 있을 것이다.

내가 느끼는 나이 듦의 내면은 익숙하고 오래 살아온 자아가 새로운 걸 말하기 시작하는 것이다. 예를 들면 이런 말들.

"이제 그만 멈추고 쉬자.""그렇게 하면 장기적으로 좋을까? 아니면 나중에 고통스럽지 않을까?""저번 주에도 열쇠 잃어버리지 않았나? 큰일이네. 이거 걱정할 문제일까?""난 가끔은 나이 든 게 좋아. 나이 드니까 사물을 보는 관점이 바뀌었는데 이게 좀 좋거든.""그래, 난 가끔 죽은 사람들이랑 대화하는데 걔들이 나한테 말 거는 것 같다고 느낄 때도 있어. 그게 뭐 어때서?""지금 살아 있다는 감각이 들어. 뭔가 재미있는 일을 해야겠는데.""나한테 뭐가 필요한지 정확히 알게 된다는 게 얼마나 대단한 일인지 몰라.""예전엔 왜 그게 그렇게나 힘들었을까.""어, 갑자기 가운뎃손가락이 찌릿하고 아픈데 뭐지? 뉴스에 나오는 그 인간한테 욕이라도 하고 싶은 걸 억누르고 있어서 그런가? 아니면 '가운뎃손가락에 날카로운 통증'이라고 구글에 검색해 봐야 하나? 그럼 정말 병원에 가서 진료를 받아야 하나? 아니면 잊어버리고 다신 아프지 말라고 기도나 할까?""노년은 특권이야. 그리고 인생이란 긴 여정은 기적이고.""가끔 소리를 지르고 싶어.""지금의 난 전보다 나 자신과 다른 사람을 더 좋아하게 됐어."

　공유되는 내용 중 일부는 듣기 힘든 이야기도 있을 것이다. 고통스러울 수도 있다. 그게 진실이다. 하지만 고통은 어느 나이에나 찾아온다. 그리고 고통이 노년의 전부도 아니다. 노년에는 더 많은 게 존재한다. 시적이고 영감을 주는, 경이로울 정도로 입이 딱 벌어지는 세계가 있다. 노년기는 치과 진료실처럼 우리가 도착하는 곳이 아니라, 다층적이고 복잡한 곳이다. 오랜 시간 동안 지속되는 데다가 할 말도 느끼는 것도 많고, 해야 할 일과 하지 말아야 할 일 역시 산더미 같다. 나는 이 나이에 새로 도달하는 사람들이 30년, 40년 동안 '치과 진료실'에 버려진 많은 선배처럼 침묵 속에 머물지 않길 바란다. 또 하고 싶은 말이 있다면 전부 말하길, 무의식적으로 동의한 금욕주의를 바람에 날려버리길 바란다. 나는 우리가 부모님이나 조부모 세대보다 훨씬 더 큰 목소리를 낼 가능성이 있다고 믿는다. 우리도 그들이 그랬던 것처럼 보고 들을 자격이 있다.

몇 년 전 도서관에서 흔쾌히 자기 경험을 이야기하는 한 여자의 진솔한 목소리를 발견했다. 진 리스라는 여자에게서 나는 이 시대를 증언하는 게 하나의 선물이라는 생각이 들었다. 그 책을 찾아내고 한참 뒤에 그의 자서전 『웃어주세요 Smile Please』의 마지막에 『나의 날들』이 포함되어 있다는 걸 알았다. 그럼에도 난 여전히 몇 년 전에 찾은 작은 책에서 이 수필을 읽는 게 좋다. 그가 머리맡에 둔 두툼한 프랑스 요리책에 위안을 얻었던 것처럼 나도 이 책을 집어 들 때마다 마음이 든든해진다. 『나의 날들』에서 그는 진실을 말했다. 그는 파리에서 글을 쓰거나 서인도제도에서 친구들과 놀던 아름다운 젊은 시절로 돌아갈 수 없었다. 난초와 태양, 천국, 지옥, 갑작스러운 어둠, 거대한 별 등 그 모든 걸 품은 삶의 노인이 된 우리처럼 그 역시 그 당시의 노인이 될 수밖에 없었다.

왜 동화 속 할머니는 흉측할까

나는 매티 이모 덕분에 나이 든 여자를 처음 만났다. 도서관의 어린이 코너에서 일하던 이모는 매일 오후 6시가 되면 나와 함께 읽을 그림책을 들고 집으로 돌아왔다. 나는 이모가 올 때까지 현관 근처를 깡충거리며 뛰어다니다가 마침내 이모가 집에 들어와 코트를 벗을 때는 환호성까지 질렀다. 그리고 이모가 의자에 앉으면 이모 무릎에 기어 올라갈 준비를 했다. 그러면 크고 알록달록한 페이지가 한 장씩 넘어갔다.『엄마, 난 도망갈 거야 The Runaway Bunny』,『곰돌이 푸 Winnie the Pooh』,『피터 래빗 이야기 The Tale of Peter Rabbit』,『아기 오리들한테 길을 비켜주세요 Make Way for Ducklings』,『알을 품는 코끼리 호튼 Horton Hatches the Egg』, 그 밖에도 나이 든 여자가 등장하는 수많은 시와 동화의 세계가 펼쳐졌다.

책 속에 등장하는 나이 든 여자, 그러니까 '노파'는 보통 가난했고 외모는 지저분한 수준부터 눈 뜨고 보지 못할 정도로 흉측한 수준까지 다양했다. 많은 아이와 함께 좁은 곳에 모여 살던 한 노파는 아이들이 잠들기 전에 한 명씩 돌아가며 때릴 정도로 심술궂었다. 그런가 하면 아이 없이 외딴곳에 혼자 사는 노파도 있었다. 그들은 또 다른 차원의 위험한 인물이었다. 과자집에 살면서 헨젤과 그레텔을 오븐에 밀어 넣으려는 노파가 있는가 하면 다리 한 쌍을 주는 대가로 인어 공주의 목소리를 받아내는 바다 마녀도 있었다. 또 변장하고 의붓딸에게 독이 든 사과를 건네는 사악한 여왕도 있었고 공주가 물레에 손가락을 찔려 깊은 잠에 빠지도록 주문을 거는 사악한 요정 대모, 닭 다리를 타고 숲 주위를 돌아다니는 사악한 바바 야가 Baba Yaga, 라푼젤을 탑에 가두는 사악한 마법사도 있었다.

대부분 '나이 든 여자'에게는 이름이 없었다. 그리고 그들은 이유 없는 매질에서부터 살인 시도에 이르기까지 어린아이들에게 두루두루 해를 끼쳤다. 아주 가끔 남에게 도움을 주는 노파도 있었지만 그때 나는 노파에게서 혐오감 외의 다른 감정을 느끼기 어려웠다.

이모가 책을 읽어주는 동안 내 인생에서 유일한 진짜 '노파'였던 우리 할머니는 오븐에서 갓 구운 빵 냄새를 풍기며 저녁 식사를 준비하고 있었다. 물론 그 오븐에 갇혔던 아이는 없었다.

할머니는 괴상하게 생긴 여자가 아니었고 외딴 오두막에서 혼자 살지도 않았다. 할머니는 북적이는 우리 집의 중요한 가족 구성원이었으며 그 누구도 할머니를 '노파'라고 부르지 않았다. 할머니와 함께 사는 대가족 중에는 할머니의 여섯 딸 중 두 명인 매티 이모와 엄마가 있었다. 아빠와 내 두 형제, 그리고 그 당시 막내였던 나도 함께 살고 있었다. 엄마와 이모는 할머니를 엄마라고 불렀고 아빠는 할머니를 마사라고 불렀다. 나의 형제 브루스, 마이클, 그리고 나에게는 할머니였다.

매티 이모가 나에게 긴 코에 사마귀를 주렁주렁 매단 혐오스러운 모습을 한 마녀가 나오는 그림책을 읽어주는 동안 할머니가 거실로 와서 "진짜 할머니는 이렇지 않은 거 알지? 예를 들면 나 같은 할머니도 있잖니."라고 말한 적은 없다. 조금만 이야기에 귀를 기울였다면 좁은 우리 집에서 매티 이모의 이야기를 쉽게 엿들을 수 있었겠지만 자신과 같은 여자고 나이가 같은 동료들이 음모를 꾸며 한 아이의 삶을 망치려 하고 있을 때도 할머니는 아무 말이 없었다. 내 생각에 할머니는 이 책들을 개성과 교훈이 가득한 재미있는 이야기라고 생각했던 것 같다. 실제로 그런 이야기들이기도 했다.

많은 동화가 은연중에, 혹은 노골적으로 공포와 두려움을 이용해 어린이에게 교훈을 줬다. 농화는 어린이에게 정해진 경계를 넘지 말라고 경고했고 이를 위반했을 때 찾아올 끔찍한 결과를 묘사했다. 그림 형제Brothers Grimm를 통해 이런 이야기는 먼저 어른들에게 인기를 끌었고 그 뒤 아이들에게도 전해지기 시작했다. 할머니는 전혀 엄하지 않았지만 1800년대 후반에 태어났으니 이런 교육 방식이 잘못되지 않았다고 생각했을 것이다. 하지만 우리에게는 언제나 다정하게 대해주는 분이었다.

할머니가 나이가 많다는 걸 알고 있었지만 그런 할머니가 책에서 보던 할머니와 조금이라도 비슷하다고 생각한 적은 없었다. 만약 할머니 삶에 얽힌 몇몇 멋진 이야기, 동화 같은 이야기를 알았다면 할머니를 마법사 같은 존재로 여겼을지도 모른다. 젊은 시절 할머니는 얼음으로 가득 찬 우물에 빠졌다가 차갑고 미끄러운 벽을 기어올라 탈출했다고 했다. 집에서 할머니를 기다리는 아이들에게 돌아가야 했기 때문이었다. 계모나 마녀가 소녀에게 독이 든 사과를 건네는 것만큼이나 오싹한 이야기이다.

하지만 젊은 시절 얼음물에 빠졌다는 할머니의 이야기를 들은 건 내가 더 나이가 든 이후였다. 어린아이들이 대부분 그런 것처럼 나도 할머니와 할아버지가 원래부터 나이 든 사람으로 태어났다고 생각했다. 인생은 그저 놀고먹고 물웅덩이에서 첨벙거리고, 여름에는 맨발로 뛰어다니고 계속해서 새로운 것을 배우고 이미 삶이란 무대에 올라와 있던 할아버지와 할머니라는 사람들과 이야기하는 식으로 흘러간다고 여겼다. 그들은 내가 아는 다른 사람들과 마찬가지로 그냥 그곳에 있는 존재들이었다.

집에 사는 모든 어른 중에 나는 매티 이모와 할머니에게 가장 친밀감을 느꼈다. 매티 이모는 할머니의 여섯 딸 중 셋째 딸이었고 유일하게 미혼이었다. 매티 이모는 절약하는 사람이었고 필요할 때면 다른 형제들에게 돈을 빌려주기도 했다. 이모가 가장 친하게 지내는 친구들은 같은 도서관에서 일하는 동료들이었다. 이모의 삶은 집과 직장에서 모두 책과 함께였다. 그는 도서관에서 넉넉할 정도로 책을 빌렸다. 집에서는 할머니가 빨래통에 넣어 비틀어 짠 뒤 표백제로 헹구고 초원의 상쾌한 바람에 말려 다린 하얀 시트가 깔린 싱글 침대에 누워 늦은 밤까지 깨어 있었다. 빳빳하게 풀을 먹인 하얀 침대에 파묻혀 소설과 전기, 시, 미스터리 소설을 읽었다.

책을 읽어주던 시절 매티 이모는 30대였고 가끔 자신을 '노처녀'라고 부르며 웃었다. 나는 그 웃음을 보며 노처녀가 되는 게 재미있고 멋진 일이라고 생각했다. 가끔 남자와 데이트하기도 했지만 이모는 누군가와 결혼하고 싶어 하는 것 같지는 않았다. 나중에 이 '노처녀'라는 단어가 경멸적인 의미로 사용되는 걸 목격하거나 어린이용 카드 게임에서 깐깐하고 수척한 모습으로 묘사된 '노처녀'의 모습을 봤을 때는 놀라우면서도 조금 혼란스러웠다. 사람들은 노처녀로 사는 게 얼마나 멋진 일인지 모르는 걸까?

///////

　매티 이모를 포함해 그 누구도 무서운 할머니와 진짜 할머니를 구분해 설명해주지 않았지만 나는 그 차이점을 쉽게 알 수 있었다. 노파 같은 무서운 할머니와 마녀는 여러 이야기에 등장했지만 진짜 할머니는 드물었다. 어쩌다 등장한 진짜 할머니는 아이의 편이긴 했다. 하지만 그 할머니는 우리 집에서 우리 할머니가 하는 역할과는 달리 오직 조연 역할만 맡았다.

　동화에서 비교적 비중 있게 등장한 할머니는 『빨간 망토』에 나오는 할머니였다. 하지만 나는 그 할머니가 어리석다고 생각했다. 늑대를 집에 들여보내고 그 뒤 상황에서는 아무것도 제대로 해결하지 못했기 때문이다. 반면 나는 우리 할머니가 집 마당에서 호미로 뱀의 목을 베는 모습을 직접 목격한 적이 있다. 같은 호미로 텃밭을 돌보고 닭 두 마리를 잡아 털을 뽑았고 지하실 세탁기에서 몇 킬로나 되는 가족의 빨래를 세탁한 뒤 빨랫줄에 나무집게로 널었으며 식탁을 가득 채울 음식을 만들고 시나몬롤을 구웠다. 그것도 모두 같은 날에 모조리 해치우는 사람이 바로 할머니였다. 만약 흉악한 늑대가 우릴 잡아먹으러 문 앞에 찾아왔대도 우리 할머니 같으면 늑대가 쓸데없는 짓을 할 틈조차

주지 않았을 것이다.

노파가 하루 종일 외딴집에서 무엇을 하고 있었는지는 전혀 모르겠다. 아마 겁에 질린 아이들이 우연히 길을 지나가길 기다리며 외롭게 숲을 돌아다니고 있지 않았을까.

매티 이모는 가난한 부모 밑에서 자랐고 인구가 고작 300명 남짓인 마을의 학교에서 교육을 받았다. 그는 단지 책에서 느낀 순수한 매력과 어느 날 도서관에 찾아가 일자리를 달라고 했던 용기 덕분에 그곳에서 일할 수 있었다. 이모는 신비주의와 페미니즘, 칼 융에 매료되었지만 학위를 취득할 돈은커녕 학위 과정을 밟을 돈도 없었다.

나는 미국 중산층 백인 가정의 아이였다. 아빠는 백화점에서 신발을 팔았고 엄마는 전화 교환원으로 일했다. 우리 집은 북유럽계 후손들로 가득 차 있었다. 그렇지만 동화책에서 만난 할머니들이 어떤 인종이었는지 들은 적은 한 번도 없었다. 당시 미국 출판사가 나이 든 사람에 관해 다양한 문화적 관점을 출판할 생각조차 하지 않았던 탓이다. 그래서 우리 세대는 모두 노인을, 특히 '나이 든 여자와 할머니'를 가난하고 누추하고 외로운 데다 종종 소름 끼치는 존재로 받아들이게 되었다.

다른 아이들이 허구와 사실을 구별하지 않는 것처럼 나는 동화 속에서 묘사된 할머니를 있는 그대로, 정말 진짜 인물처럼 받아들였다. 괴물이 등장하는 책을 몇 권 읽어주면 아이들은 곧 자기 침대 밑에서 괴물을 찾아내려고 한다. 그래서 마녀가 나오는 책을 읽어주면 아이들은 곧 그런 마녀가 자신을 잡으러 오는 악몽을 꾼다. 나도 마녀가 나오는 악몽을 꾸었다.

네 살 무렵 어느 날 집 거실에 있을 때였다. 바깥에는 달빛 하나 없이 깊은 대초원의 어둠이 내려앉아 있었다. 나는 얇은 커튼 너머를 내다보며 마녀가 지나가는 모습을 계속 지켜보고 있었다. 마녀는 검은색 옷을 입고 집 주위를 빙빙 돌고 있었다. 얼굴은 또렷하게 보이지 않았지만 딱 봐도 매우 나이 든 것을 알 수 있었다. 마녀는 소리 없이 빠르게 빙빙 돌며 점점 더 가까이 다가왔다. 숨을 죽이고 있던 나는 깜짝 놀랐다. 하지만 분명 이 광경을 본 게 나뿐만은 아니었을 것이다. 방 한쪽 구석에서 램프가 노란빛으로 빛나고 있었다. 이 복작거리는 집 안에서 나와 함께 있는 사람이 누구인지 보려고 고개를 돌렸지만 아무도 보이지 않았다. 빙빙 도는 마녀, 얇게 비치는 커튼, 무시무시한 밤, 그리고 나만이 그 자리에 있었다. 나는 공포스러웠다.

〰〰〰〰

세월이 흘러 내 어린 시절도 함께 지나갔다. 오랫동안 마녀가 나오는 악몽을 기억했지만 남자든 여자든 노인이라는 존재에 대해, 그리고 그들과 우리 세대, 또 다른 사람들이 무의식적으로 노년에 대해 부정적인 이미지를 지닌다는 사실에 관해 깊이 생각해본 적은 없다. 일반적으로 노인을 낮게 평가하는 문화 때문에 부정적인 시각은 피할 수 없었다. 그런 부정적인 이미지들은 TV나 잡지 같은 대중문화뿐 아니라 문학이나 연극, 음악, 영화 같은 고급 예술 분야에서도 쉽게 찾아볼 수 있었다.

최근에 나는 이 시기를 둘러싼 오해와 고정관념, 그리고 가끔 그로 인해 발생하는 안타까운 학대에 관한 글을 읽기 시작했다. 나이 듦에 관한 연구로 잘 알려진 미국의 심리학자이자 노인학자 켄 디히트발트Ken Dychtwald가 사용한 '내면의 노인the elder within'이란 용어를 우연히 접하게 되었고, 지금껏 긴 여정을 걸어오면서 내 안의 노인은 어떻게 형성되고 살아왔는지 생각하게 되었다.

그러면서 그림책 속 할머니들이 내 일부가 된 것 같다는 생각이 들었다. 푸Pooh와 호튼Horton, 피터 래빗Peter Rabbit 등 사랑스러운 캐릭터들도 한때는 내 일부가 되었지만 그들은 내 어린 시절이 끝나면서 사라졌다. 나이가 들면서 분명해진 건 처음 마주했던 노파에 관한 인상이 사라지지 않았다는 사실이었다. 긴 코에 사마귀를 주렁주렁 매달고 있는 건 아니지만 어린 시절 왠지 모르게 꺼림칙한 기분이 들게 했던 움푹 들어간 눈과 그 아래의 심술주머니는 이제 거울 속에서 나를 바라보고 있었다. 만약 내가 주차장에서 건장한 젊은 남자와 말다툼을 벌인다면 상대가 내게 "꺼져, 이 노인네야!"라고 소리칠 수도 있다. 나를 모르는 누군가와 대화할 때 나는 이제 내 이름 대신 일반명사로 불리겠지.

나는 내 건망증을 해명하기 위해 나이에 관해 농담하지 않기로 했고, 또 불편하더라도 양치질할 때 항상 거울 속 내 얼굴을 꼭 들여다보기로 결심했다. 이런 건 잘한 결심이지만 내 무의식 속에 기본값으로 자리 잡은 할머니의 이미지는 여전히 해결해야 할 문제였다. 비록 이 세상을 사는 수백 명의 사람이 무의식 속에 지닌 할머니의 모습은 내가 어쩔 수 없지만.

나는 수백 년 전 북유럽 마을 사람들이 전해준 동화와 민담을 떠올렸다. 그 이야기들은 모두 샤를 페로Charles Perrault와 같은 작가들의 이야기 속으로 들어가고 도로테아 비만Dorothea Viehmann과 다른 사람들의 기억을 통해 그림 형제의 노트 속으로 쏟아져 들어갔다. 그들은 성별과 권력에 대한 고대의 이해를 바탕으로 그림을 그렸지만 그 이야기들에는 '까다로운' 나이 든 여자에 관한 개념이 이어져 있었다. 노파라는 존재는 민속학자들에 의해 발굴되어 성실하게 수집되었고 오늘날까지 그 이미지를 쉽게 지우기 어려울 정도의 인상을 남겼다. 핼러윈이 되면 여전히 마녀 분장을 한 소녀들이 찾아온다. '마녀'라는 단어는 여전히 여자에게 던져지는 저주 같다. 실제로 일부 국가에서는 여전히 주술을 행했다는 이유로 여자들이 잡혀가고 있으며 이런 여자 중

대부분이 나이 들고 가난하며 소외된 이들이다. 이 여자들은 마법과 주술을 행하는 사람이 아니라 희생양일 뿐이다.

누군가 기록하기 훨씬 전부터 전해 내려온 이 이야기는 사회에서 지켜야 할 교훈을 담고 있고 이 교훈들은 여러 세대에 걸쳐 전해졌다. 아이들은 노파를 노골적으로 혐오스러워하지는 않았지만 적어도 노파라는 존재는 무언가 의심쩍다는 메시지를 받아들였다. 마녀와 마법사, 사악한 여왕, 혹은 위협적인 모습을 한 초라한 여자 캐릭터가 등장하는 모든 동요와 이야기 속에서 노파에 대한 두려움이 커져갔다.

하지만 나는 궁금했다. 오래전 그 시절에 이렇게 사회에서 소외된 사람들은 대체 어떤 사람들이었을까? 이 이야기들은 누구 이야기를 바탕으로 한 것일까? 어쩌면 마녀는 아이를 낳을 수 없다는 이유로 남편이 버린 여자일 수도 있다. 아니면 남편이나 부모, 혹은 다 자란 자식들에게 폭력을 당하다가 마을 변두리로 도망쳐 혼자 살게 된 여자일지도 모른다. 그것도 아니면 과부, 독신, 레즈비언일 수도 있다. 가족과 타협할 필요도 없이 혼자만의 시간을 보냈기에 자기 관점을 굳건히 고수하고 자연을 진지하게 바라봤을 것이다. 기혼 여자와 특권층 여자들이 어리석다거나 이상하다거나 심지어 무섭다고까지 생각하며 동물들을 가까이 두고 교감했을지 모른다. 그 여자는 홀로 나이를 먹었다. 하지만 마을 사람들은 의아해했을 것이다. 자식도 없는 여자가 어떻게 저렇게 잘 살아온 거지? 손자도 없이 어떻게 산 거지? 어떻게 그런 사람이 있을 수 있지?

그 여자를 두고 많은 이야기가 생겨난 게 어쩌면 당연해 보인다. 사람들은 자신과 다른 사람에 관해 이야기를 지어내길 좋아하니까. 잠깐이라도 그 여자에 관해 생각한다면 도대체 남편도 없고 아이도 없는 사람이 어떻게 혼자 잘 사는지 궁금해졌을 것이다. "그 여자는 분명 남편과 아이가 있는 사람들을 질투할 거예요. 아이를 갖고 싶었지만 기회를 놓치지 않았을까요? 불쌍하기도 하죠. 그 사람에 관해 한두 개쯤, 아니면 열 개쯤 이야기를 만들어봐요. 그 여자를 마녀로 만들어버리는 거예요!"

어린이와 연령 차별의 관계를 주제로 다룬 도나 쿠퍼Donna Couper와 프랜 프랫Fran Pratt의 『더 긴 삶을 위한 배움Learning for a Longer Life』에 따르면 어린이는 세 살 무렵부터 연령 차별적 사고를 표현하기 시작하며 시간이 지날수록 부정적인 생각이 더 커진다. 자기 주변에 있는 특정 연령을 넘긴 가족 구성원은 아무 문제가 없다고 생각할 수 있지만 나 역시 그랬듯 아이들은 아동 문학에서 볼 수 있는 노인에 대한 이미지를 비롯한 문화의 고정관념을 흡수한다. 나이가 들고 싶은지 아이들에게 물어보면 대부분 "아니오"라고 대답한다. 하지만 저자들은 분명히 말한다. 운이 좋다면 그 아이들에게도 언젠가 노년기라는 미래가 기다리고 있으니 이에 관해 알고 준비해야 한다는 것이다. 많은 사람이 이모가 되고 고모가 되며 또 할머니가 된다. 만약 우리가 앞선 세대의 어른들처럼 행동한다면, 늙지 않는 마법의 약이라도 마신 것처럼 노화에 대해 생각하지 않는다면, 또 문화적 고정관념에 의문을 품지 않는다면 우리는 젊은 사람들에게 해를 끼치고 있는 셈이 된다.

머릿속에서 얼마나 노인을 소외시켰는지, 또 살면서 만난 노인을 얼마나 존중하지 않았는지, 그리고 자신의 얼굴과 몸에서 노화가 드러날 때 이를 얼마나 두려워하고 거부했는지에 따라 노화는 더 받아들이기 힘들어질 것이다. 문화적 환경과 인간의 신체를 고려할 때 이를 둘러싼 고통은 피할 수 없다. 하지만 이런 고통의 일부는 의식적으로 부드럽게 마주할 수 있다.

우리에게는 두 가지 선택지가 있다. 첫 번째는 아이들이 이야기 속에서 노인을 발견하도록 내버려두고 언젠가는 아이들 자신도 나이 들며 우리 모두가 나이 들고 있다는 사실을 말해주지 않는 것이고, 두 번째는 나이 듦에 관해 이야기해주는 것이다. 두 번째를 선택한다면 아이들이 미래의 자신, 즉 '내면의 노인'을 보호할 방법을 찾게끔 도울 수 있다. 이는 많은 사람이 상담 등을 통해 과거를 되돌아보며 '내면의 아이'를 인정하고 양육함으로써 작은 자아를 보호했던 것과 마찬가지다.

할머니가 돌아가시기 한참 전부터, 그리고 돌아가신 뒤에도 오랫동안 매티 이모는 달을 우러러 바라보았다. 나이가 많이 든 다음에는 한겨울에도 밖에 나가 밤하늘에 떠오르는 달을 맞이하곤 했다. 매티 이모는 언제나 조금 특별한 사람이었다. 여섯 자매 중 유일하게 결혼하지 않았고 가장 똑똑했고 자기 돈이 있으면서 의지가 강해 다른 자매들이 평생 따랐다. 그런 이모가 달을 숭배하는 게 뭐가 이상하겠는가?

다른 시대나 다른 마을에 살았다면 매티 이모는 '노처녀'와 '마녀'라는 두 영역에 모두 속했을지도 모른다. 하지만 이모가 살던 비스마르크 마을에서는 나쁜 군중이 아닌 열렬한 팬을 끌어모았다. 50대가 된 나는 80대가 된 매티 이모와 매년 여름마다 몇 주 동안 함께 지내면서 이 사실을 알게 되었다.

매티 이모를 치과나 병원, 혹은 제2차 세계대전 이후로 꾸준히 헌혈을 해온 적십자사에 데려갈 때마다 어릴 적 도서관 사서였던 이모를 알았던 이들을 만났다. 그들은 토요일 동화 시간에 이모가 읽어주던 이야기들이 기억난다며 이모에게 말을 건넸다. 지금 이모가 읽고 있는 책이 무엇인지 묻기도 했다.

나는 오래전에 이모와 함께 살던 바로 그 집에서 이모를 만났다. 군대 막사를 개조해 만든 집이었는데 넓어 보일지는 모르지만 실제로는 독일군 포로 몇 명만 수용할 규모로 지어진 곳이었다. 각 방은 좁디좁았다.

지금 생각해보면 우리 가족에게는 엄청나게 좁았을 것 같은 크기였지만 그럼에도 불구하고 이 집은 가족 박물관이자 가족 역사의 저장고가 되었다. 매티 이모는 나에게 자기 물건, 특히 서류와 더 이상 필요 없는 물건들을 정리하는 걸 도와달라고 했다. 우리는 오래된 편지를 읽었고 이민자였던 조상들의 사진을 분류했으며 책을 샅샅이 훑어보았다. 책 중에는 이모가 내게 읽어준 동화책도 몇 권 포함되어 있었다. 내 기억으론 공공도서관에서 낡고 찢어져 폐기된 걸 이모가 한 권 한 권 가져온 것들이었다. 우리는 가계도를 살펴보았고 이모가 적어둔 가족 이야기를 함께 정리했다.

매티 이모가 여든여섯이 되던 어느 해 여름밤이었다. 거실에서 나는 바닥에 앉고 매티 이모는 부드럽게 쿠션이 깔린 의자에 앉아 있었다. 우리 주변 바닥에는 사진들이 흩어져 있었고 매티 이모의 무릎 위에는 그보다 더 많은 사진이 신발 상자에 담긴 채 놓여 있었다. 이모는 숲속 공터에서 어른 여럿이 함께 서 있는 모습이 찍힌 사진을 보여주었다. 대부분 이삼십 대 정도로 보이는 젊은 사람들이었다. 옷차림은 1940년대 유럽풍으로 보였고 몇몇 여자는 서로 닮아 보였다. 대부분은 미소를 짓거나 입을 크게 벌린 채 웃고 있었다. 한 젊은 여자가 안고 있던 폭스테리

어조차 방금 재미있는 농담이라도 들은 것처럼 기쁜 표정이었다. 사진 속 모든 사람은 모두 그곳에 있다는 것과 모두와 함께한다는 사실이 즐거워 보였다. 그들 사이에는 여유로운 미소를 짓고 있는 할머니 한 명도 서 있었다.

"이 사람들은 노르웨이에 남아 있는 내 사촌들이야." 매티 이모는 사진 속 젊은 사람들을 가리키며 말했다. "이쪽이 우리 외가 쪽 가족들." 나는 깜짝 놀랐다. 노르웨이의 사촌들이 미국으로 이민 오지 않고 남아 있었다는 사실, 그리고 그들이 미국에 온 가족과 연락을 이어왔다는 사실이 그리 놀랍지 않을 수는 있지만 나는 처음 듣는 이야기였다. 이모는 이 사진이 제2차 세계대전 중에 찍힌 사진이라고 덧붙였다.

매티 이모는 잠시 사진을 바라보며 생각에 잠기더니 자신은 지금의 삶이 행복하다고 말했다. 어쩌면 그 어느 때보다 더 행복하다고. 우리는 둘 다 아무 말도 덧붙이지 않았다. 이모의 말은 사실처럼 느껴졌다. 내가 살아가며 가장 행복한 일 중 하나는 바로 매티 이모가 여전히 내 삶에 있다는 사실이었다. 우리는 신발 상자에서 계속해서 더 많은 사진을 꺼내 보았다.

집에 돌아와 친구에게 매티 이모가 한 말에 관해 이야기했을 때 친구는 "계속 그 말이 생각날 것 같아."라고 말했다. 나도 그 말에 동의했다. 차곡차곡 나이가 쌓여가는 현실을 받아들이던 가운데 나이 듦이 상상했던 것 이상의 무언가를 품고 있다는 사실에 위로를 받았다. 아이러니하게도 나는 무서운 할머니를 내 의식 속에 불러들인 바로 그 사람에게서 이 사실을 깨우쳤다.

매티 이모와 할머니, 백 살까지 산 엄마, 그리고 다른 이모와 오래된 친척들은 모두 돌아가셨고 이제 나는 할머니가 되었다. 나는 오두막이 아닌 숲 가장자리를 따라 흐르는 강의 하우스보트에서 살고 있다. 많은 아이가 내 집 문 앞을 지나가고 내 삶을 지나갔지만 우리 할머니가 그랬던 것처럼 나 역시 단 한 번도 아이를 구워 먹은 적이 없다. 나는 좋은 이웃들을 두었다. 그림 형제가 살던 시절과 달리 요즘 사람들은 노처녀와 레즈비언, 과부, 그리고 버림받은 여자를 더 잘 받아들이는 편이다. 적어도 지금 이 순간은 그렇다. 내 침대 시트는 다림질되어 있지 않지만 밤이 되면 매티 이모처럼 침대로 기어 들어가 책 속에 빠져들곤 한다.

이제야 전에 명확히 보이지 않던 것들이 보인다. 나이가 든다고 우리가 다른 사람이 되는 건 아니다. 여권을 바꾸고 다른 나라로 들어가는 것도 아니다. 우리는 평생을 살아오며 품어온 자아 그대로를 지닌 채 나이가 든다. 해가 뜨는 게 놀랍지 않듯 나이 듦은 더 이상 놀라워할 일이 아니다. 나이가 들어 우리가 어떤 사람이 된다면 그건 마침내 드러나는 우리 안의 노인이다.

〜〜〜〜〜〜

거의 꾸는 일이 없지만 가끔 악몽을 꿀 때면 오래전 처음 꾼 그 꿈을 떠올린다. 창가에 서서 마녀가 집 주위를 맴도는 걸 지켜본 것 같다. 태어난 지 고작 4년밖에 되지 않은 내가 본 세상은 무슨 일이든 일어날 수 있는 곳이었다. 전쟁에 나간 아빠가 무사히 돌아온 걸 보면 나는 몇 안 되는 운 좋은 아이였다. 매티 이모의 무릎에 앉아 책을 들여다보던 시절에는 그런 것에 관해 아무것도 몰랐다. 그저 살아 있을 뿐이었고 어리다는 건 안전함을 의미했다. 나는 아무런 걱정이 없었다. 하지만 인간 삶에 담긴 평범하고 신비로운 모든 걸 이해하고 그려내야 하는 벅찬 과제를 가지고 있었다. 우리 할머니와 '할머니', 반짝이는 별을 다룬 재밌는 동화, 방 안에 드리우는 물레 바늘에 찔린 손가락 그림자, 시나몬 롤, 대초원의 풀, 사랑스러운 목소리, 목이 잘린 뱀, 빨랫줄에 널린 하얀 시트, 삶이 담고 있는 밝음과 어두움 등 그 모든 걸 내 안으로 끌어들여야 했다. 그리고 예상치 못한 도움들도 있었다! 호박 마차를 타고 집 앞에 나타난 굉장한 대모, 선뜻 등을 허락해준 친밀한 곰, 길을 따라 빵 부스러기를 떨어뜨리며 서로를 의지하고 돕는 형제의 우애 등이 바로 그 도움들이었다.

모든 옛이야기에는 시작과 중간, 끝이 있으며 그것은 인간과 동물, 식물의 삶에서 모방한 패턴이다. 이제 그 어느 때보다 신뢰할 수 있는 이 패턴은 시간과 그 경계 안에서 내 삶의 가치를 예리하고 날카롭게 집중시킨다. 나는 결말로 이어지는 챕터에 어떤 내용이 담길지 걱정하거나 그에 맞서 싸우며 시간을 낭비하고 싶지 않다. 사실 어느 부분이든 삶에는 두려워할 만한 게 존재한다. 돌아보면 삶은 언제나 그랬다. 나는 내 이야기의 마지막 부분을 잘 살아내고 싶다. 빛과 그림자, 그리고 그 안의 마법까지도. 만약 마녀가 찾아온다면 창밖 어둠 속으로 손을 뻗어 마녀의 메마른 손을 잡고 싶다. 운이 좋다면 마녀가 날 데려가 새로운 시각과 방식으로 할머니가 되는 법을 알려줄지 모르니까.

노년의 몸에 관하여

〈백설공주와 일곱 난쟁이〉에서 검은색과 보라색 벨벳으로 몸을 감싼 사악한 왕비는 마법의 거울 앞에 선다. 마지막으로 이 거울을 찾았을 때 왕비는 백설공주가 자기 대신 세상에서 가장 아름다운 사람의 자리를 차지한 걸 알게 되었다. 그리고 이번에는 사냥꾼에게 경쟁자를 죽이고 심장을 가져오라고 명령했으니 드디어 빼앗긴 자기 자리를 되찾을 거라 믿는다. 왕비는 심장을 관통했다는 칼과 그 심장이 든 상자를 의기양양하게 들고 있지만 마법 거울은 그런 왕비의 기대를 저버린다. 거울은 백설공주가 여전히 살아 있다고 알린다.

어릴 적 이 영화를 봤을 때는 백설공주에게 감정이입을 했다. 가장 아름다운 사람이 그 소녀란 사실을 왕비가 받아들여야 한다고 생각했고 화를 내는 왕비가 부끄러웠다. 하지만 이제는 왕비의 딜레마가 더 크게 다가온다.

우리 대부분은 세상에서 가장 아름다운 사람이 아니며 그랬던 적이 없다. 프랜 리보위츠Fran Liebowitz는 자신의 책『메트로폴리탄 라이프Metropolitan Life』에서 이렇게 썼다. "모든 신의 자녀가 아름다운 건 아니다. 사실 대부분은 그럭저럭 봐줄 만한 수준일 뿐이다." 나도 거울에 비친 내 얼굴이 엄청나게 아름답진 않다. 그럭저럭 괜찮은 날에는 두 할머니, 어린 시절의 나, 아빠와 엄마의 일부, 그리고 형제자매들의 흔적과 더불어 이들과는 별개로 걸어온 나만의 길까지 내 인생의 여러 면모가 거울 속에 비친다. 그리고 익숙한 자신, 평생의 동반자이자 남들이 나라고 인식하는 이 모습을 바라보며 약간의 평화를 느낀다. 하지만 내가 괜찮지 않고 '흔들리는 날'이라 부르는 날들에는 다른 경험을 하게 된다. 눈 바로 아래에 튀어나온 불룩한 주머니가 눈에 띈다. 언제부터 생긴 걸까? 게다가 내 볼살은 마치 오랜 시간 사랑을 나눈 뼈와의 관계를 청산하려는 것처럼 보인다. "난 네 것이 아니야. 날 놔줘!"

그럴 때면 나는 현실 감각을 조금 더 끌어올린다. 그러면 어떻게 해야 하지? 얼굴과 목에 변화가 생긴 건 어쩔 수 없는 현실이다. 나는 스스로에게 중력을 거스를 수 없다고 말한다. 모든 걸 제자리로 되돌리는 마법 같은 물질이 없다는 것도 안다. 하지만 흔들리는 날들에는 무언가 잘못되었다고 주장하는 또 다른 목소리도 크게 들린다. 나이 든 얼굴과 몸은 가치가 없다는 목소리다.

그날은 흔들리는 날이었다. 그날 나는 백설공주의 거울 장면에서 왕비에게 감정이입을 하며 거울 속에 갇힌 내 모습을 알아보았다. 그 모습은 종종 나타나 나이 듦은 결코 좋은 모습이 아니라고 말하는 내 일부였다. 나는 왕비처럼 높은 아름다움의 반열에 있다가 추락한 적이 없지만 그런 나 역시도 자신이 과거와는 다르게 인식되고 있다는 사실에 직면하고 있다. 왕비도, 나도 서서히 시야에서 사라져가고 있는 것이다.

∕∕∕∕∕∕∕∕

내가 사라지고 있다는 사실을 처음 알게 된 건 예순을 갓 넘겼을 때였다. 어느 날 일하던 건물의 카페에서 마흔 살쯤 되어 보이는 남자가 줄 서 있던 나를 팔꿈치로 밀치고 지나갔다. 나는 그의 어깨를 툭 치며 내가 줄을 서고 있으니 새치기하지 말라고 말했다. 그러자 그가 "아, 못 봤어요. 죄송합니다."라고 말했다.

그의 사과는 진심에서 우러난 것처럼 들렸고, 그래서 당혹스러웠다. 그는 정말 나를 보지 못했을까? 키가 약 173센티미터인 나는 그보다 겨우 5센티미터 정도 작을 뿐이고 체격도 비슷한 편이었다. 그 일을 겪고 얼마 지나지 않아 1970년대부터 살던 이 친절한 도시의 거리에서 나를 지나치는 낯선 사람들이 더 이상 나를 쳐다보지 않는다는 걸 알아차렸다. 쳐다본다 해도 잠시 스쳐 지나가듯 한 번 보고는 바로 다른 곳으로 눈길을 돌리기 일쑤였다.

이런 '눈길 피하기'는 거리에서만 일어나는 일이 아니었다. 도서관, 약국, 서점, 식료품점 등 도시 곳곳에서 일어났다. 사람들이 나를 보고 놀랄 일은 없겠지만 이렇게 의도적으로 빠르게 시선을 피하는 건 이상했다. 나는 수십 년 동안 늘 똑같은 옷차림을 하고 다녔다. 청바지나 바지, 셔츠를 주로 입었고 추운 날엔 셔츠 대신 스웨터를 입는 정도였다. 머리는 단정히 빗고 얼굴은 깨끗이 씻었다. 내면은 변한 게 없었지만 외면은 확실히 나이가 들고 있었다. 나는 도시 풍경 속에 녹아들어 주차 미터기나 전신주 같은 존재가 된 듯했다. 어떤 면에서는 해방감이 느껴졌다. 더 이상 남자의 시선에 노출되지 않는다는 사실, 즉 외모로만 가치를 평가받지 않는 자유가 주는 활력이 있었다. 동시에 길거리 등 어디에서든 나이 든 사람들을 볼 때마다 매료되기 시작했다. 그들을 쳐다보지 않으려고 애써야 할 정도였다. 저 사람들은 어떤 사람일까? 어떤 이야기를 가지고 있을까? 저들은 나이 드는 것에 대해 어떻게 생각할까?

디즈니의 왕비는 그런 호기심 많은 사람이 아니다. 그리고 사실 그렇게 나이가 많지도 않다. 기껏해야 마흔을 조금 넘긴 것처럼 보였다. (1938년 개봉한 백설공주 영화에는 여섯 명의 남자 감독이 참여했고 같이 일했던 여덟 명의 작가 중 단 한 명만 여자였다. 그러니 마흔은 '젊은' 아름다움의 한계로 여겨진 듯하다.) 그러나 왕비는 사라져간다는 불편한 감정을 부정할 수 없게 만든다는 점에서 흥미로웠다. 왕비는 한순간도 얌전히 배경으로 물러나는 '착한 할머니'처럼 행동하려 하지 않는다. 자기 얼굴에 대한 의견을 스스로에게 묻는 것도 멈추지 않는다. 그는 나이 드는 것에 대한 궁금증은 건너뛰고 거울의 판단에 완전히 휘둘려 격렬한 분노에 빠진다. 분노는 죽음 자체가 노화된 얼굴이 나타내는 신호라는 점을 포함해 더 이상 여자가 되어야 한다는 문화적 규범을 충족하지 못한다는 사실에 스며드는 다른 모든 감정을 압도한다. 그러니 거울을 볼 때 우리 눈이 때때로 슬프고 무기력하며 비판적인 시선으로 자신을 바라보는 것도 무리는 아니다. '왜 이렇게 나이 드는 걸 내버려뒀지? 그다음에 어떤 일이 일어날지 몰랐나?'

적어도 우리는 누군가를 죽일 생각을 하지는 않는다. 그러나 디즈니의 세계관 안에서 왕비는 스스로 문제를 해결해야 한다고 믿는다. 더 아름다운 누군가를 제거해야 한다고 생각한다.

나는 영상을 멈추고 잠시 짧은 상상의 나래를 펼쳤다. 이 시점에서 상담사가 있다면 과연 왕비에게 어떤 말을 할지 생각했다. 상담사는 분명 이렇게 말하지 않을까. "왕비님, 상황을 완전히 잘못 이해하고 계신 것 같아요. 문제는 백설공주가 아니라 시간의 흐름이에요. 그리고 그건 당신이 통제할 수 없는 일이에요. 생각해야 할 다른 문제들도 있어요. 그런데 당신은 파멸의 길을 향해 가고 있네요."

왕비가 잘못된 방향으로 치닫기 시작한 건 자신이 세상에서 가장 아름답지 않다는 소식을 들은 바로 그 순간이었다. 왕비가 든 상자에 담긴 건 소녀의 심장이 아니라 돼지의 심장이었다. 결국 왕비는 마음이 무른 사냥꾼을 저주하며 그 대신 스스로 경쟁을 끝내기로 한다.

왕비는 연금술과 흑마술 등의 마법이 담긴 책을 훑다가 '변장술'이라는 제목의 책을 집어 든다. 변장술. 이는 많은 중장년 여자가 선택하는 길이다. 그들은 염색, 화장, 성형수술, 보톡스, 치아 미백 같은 변장술로 변장을 한다.

변신한 왕비는 우리가 흔히 생각하는 마녀 그 자체처럼 보인다. 왕비는 즉시 마법 책을 펼쳐 백설공주에게 '잠자는 죽음'을 가져다줄 독이 든 사과를 만드는 방법을 찾아낸다.

이 이야기에 만약 왕이 존재한다고 해도 그 왕이 성의 다른 건물에 있다가 던전으로 달려가 더 젊고 잘생긴 남자를 없앨 물약을 만들 일은 절대 없을 거라 장담한다. 왕이 왕자를 죽이고 싶은 나름의 이유가 있더라도 그건 외모와 관련이 없을 것이다.

왕은 대사도 없고 벽에 걸린 초상화로도 등장하지 않지만 왕비가 겪는 불행은 여자의 외모와 젊음이 가장 중요한 가치로 여겨지는 가부장제에서 비롯된 것이다. 거울이 왕비를 판단하며(더구나 남자 목소리로) 왕비의 기대에 부응하지 못하는 순간 왕비는 이미 죽은 것이나 다름없고, 아무것도 아닌 존재가 되는 세계에 발을 디딘 셈이다. 그러나 그토록 중대한 상황에서도 그 공허함을 피해 보려는 여자의 절박함은 우리를 움찔하게 만든다. 그가 잘못된 방향으로 나아가 살인까지 기도하는 순간 우리는 그를 혐오하게 된다. 그가 속한 시스템이 아니라 그에게 문제가 있는 게 되어버린다.

어린 소녀였던 나는 이 장면을 보며 놓친 이야기가 있었다는 걸 몰랐다. 왕비 스스로 이 가혹한 상황을 만들어낸 게 아니었다. 다시 이 장면들을 보며 최근에 알게 된 1800년대 프랑스 판화(작가 미상)가 떠올랐다. 그 판화에는 나이 든 여자 둘이 거울 앞에 앉아 있고 젊은 여자들이 그들의 외모 단장을 돕고 있다. 한 여자는 주인의 드문드문 벗어진 머리를 감추기 위해 모자를 씌우고 다른 여자는 주인의 가슴이 여전히 탄력 있는 것처럼 보이게끔 기묘한 장치를 착용하게 하고 있다. 젊은 두 여자는 이런 상황을 비웃기라도 하듯 겨우 웃음을 참는 표정을 짓는다. 죽음의 문턱에서 허우적거리는 이 허영심 많은 노인들을 우리는 관대하게 봐줘야 한다. 이 두 여자는 디즈니의 왕비보다 훨씬 나이가 많았지만 같은 사회 체계 안에서 살았고 왕비와 마찬가지로 세월의 영향을 받아 변하는 모습을 피하고 싶어 했다. 우리는 그들을 비웃고 그들이 젊음을 되찾기 위해 헛되이 몸부림치는 모습을 경멸하도록 조장된다. 애처롭다! 우리는 그들이 왜 그토록 두려워하는지, 무엇이 그들에게 위태로운지, 그 모든 것을 무엇이 주도하는지 물어서는 안 된다.

백설공주의 원래 민담 버전은 1800년대 초 그림 형제에게 전해져 전보다 훨씬 더 널리 퍼졌다. 수백 년 동안 사악한 왕비는 가부장제가 아닌 나이 든 여자들의 터무니없고 이기적인 욕망을 경고하는 이야기에 등장했다. 민담 버전에서 악행을 저지른 왕비는 발이 빨갛게 달군 신발에 집어넣어져 춤을 추다 죽음을 맞이하고 디즈니 버전에서는 일곱 난쟁이들에게 쫓겨 절벽에서 떨어진다. 여성 혐오는 커튼 뒤에 숨겨진 채 이야기에서 진정한 원인으로 드러나지 않는다. 허영심은 신을 거스르는 일곱 가지 대죄 중 하나이니 이를 탐닉하면 지옥에 갇히게 된다. 그것으로 끝이라고 말하는 듯하다.

어린 시절 나는 기존 가치관에 깊이 빠져들어 이길 수 없는 경쟁에 몰두하는 디즈니 왕비를 목격했다. 그러나 성인이 되어 다시 본 왕비는 자기가 만들지 않은 가치관에 맞서 싸우는 인물이었다. 어린아이처럼, 그리고 한때의 나처럼 모든 것이 이기적인 왕비의 잘못이라고 결론짓는 건 그가 살던 세계의 모든 가치가 완전히 타당하다고 여기는 것이다. 허영심을 탓하는 것 또한 또 다른 잘못된 방향이다.

/////////

백설공주 대신 왕비에게 공감하게 되면서 나는 노화하는 외모로 인한 내 어려움을 인정할 시간을 맞이했다. 나 또한 동화를 비롯한 젊음과 아름다움에 대한 메시지들에 평생 동안 영향을 받아왔다. 내 또래의 많은 여성도 이런 메시지에 영향을 받아왔고(그러지 않기는 쉽지 않다) 주로 클리닉에 있는 비밀의 방으로 달려가 나이 든 얼굴에 사용할 다양한 변장을 시도했다.

내가 아는 어떤 여자는 자기 모습 중 제일 마음에 드는 시기의 모습으로 고정되어 시간이 지나도 그 모습 그대로이길 바란다. 많은 여자에게 사라져가는 건 고통이기에 그 고통을 미룰 수 있다면 뭐든지 하고 싶어 한다. 나는 이런 마음을 이해하지만 이 취약한 감정을 이용해 연간 250억 달러에 달하는 수익을 올리는 안티에이징 화장품 산업에 대해서는 전혀 연민의 감정을 느끼지 않는다. 이 산업은 우리의 취약성에 대한 온갖 임시처방을 제공할 준비가 되어 있지만 선의에서 비롯된 것도 아니고 단순한 수요와 공급의 문제도 아니다. 이 산업은 노화에 대한 수치심과 두려움을 더 조장하는 탁월한 광고로 수익을 이어나가고 있다. 노화에 대한 부끄러움과 두려움은 새로운 시장까지 창출했다. 《워싱턴포스트》에 게재된 한 기사에 따르면 보톡스는 이제 주름 치료뿐 아니라 주름 예방을 위해서도 사용되고 있다. 노화를 막아야 한다는 강박관념이 워낙 강해져 이제는 20대 여성조차 미래의 얼굴 변화를 막기 위해 보톡스를 시도한다. 스물에서 서른다섯 사이의 여성은 전체 보톡스 시술자 중 약 20퍼센트를 차지한다. 미국성형외과학회에 따르면 21세기 들어 미국에서 보톡스 사용이 878퍼센트 증가했다고 한다. 남자도 보톡스 시술을 받지만 젊은 나이에 이 시술을 시작하는 건 대부분 여자다.

이를 두고 많은 사람이 의문을 가져야 할 것 같지만 실제로는 박수갈채라는 정반대의 반응이 나타난다. 이마의 미세한 주름을 없애기 위해 보톡스를 사용한 한 스물여덟 살 여자는 해당 영상을 올려 200만 회 이상의 조회수를 기록했고 틱톡을 통해 자신의 보톡스 여정을 공유하며 또래 친구들에게 이 시술을 전파했다.

젊은 밀레니얼 세대에 속하며 있는 그대로의 자기 몸을 긍정적으로 바라보자는 운동 '바디 포지티브'를 주장하는 작가 마리 사우사드 오스피나 Marie Southard Ospina는 "허영심이 자기를 사랑하는 거라면 전적으로 찬성한다"라는 기사에서 허영심의 부정적인 면에 의문을 제기했다. 오스피나는 허영을 자기애와 동일시하면서 정작 자신을 돌보지 않는 데서 비롯되는 부정적인 결과를 지적했다. 또 허영심을 죄악으로 여기는 근원이 기독교라고 언급하면서도 과도한 자기 몰입을 암시하기 때문에 비기독교인들도 허영심을 멸시한다고 말한다. 나는 그가 과도함의 기준을 누가 정하는지 묻는다는 것에 감사한다. "자신을 사랑하는 게 부정적인 형태의 허영으로 변하기 전에 허용되는 자부심이나 자기애는 얼마나 되며, 스스로 불안해하거나 자신이 없어 보이고 싶지 않다면 자부심과 자기애는 얼마나 낮은 수준이어야 하는가?"

옳은 말이다. 오래된 고서를 꽂아둔 먼지 쌓인 선반 어딘가에서 과도함을 측정할 리스트를 찾을 수 있을까? 많은 젊은 여성이 보톡스를 주저 없이 선택하는 반면 시계를 거꾸로 돌리려는 시도는 특히 나이 든 여성에게 까다로운 문제일 수 있다. 염색은 이제 허영심이 아닌 현명한 커리어 선택으로 여겨지는 듯하다. 하지만 페이스 리프팅은? 필러는? 폐경과 함께 흔히 찾아오는 부풀어 오른 배부터 거미 모양의 혈관까지 다양한 신체 문제를 해결하는 더 침습적인 시술들은? 아무것도 하지 않는 것에 대해 많은 사람이 부정적인 발언을 내뱉는다. 면밀하게 진행된 모든 통계와 조사를 고려할 때 수천 달러의 여윳돈이 남아 있는 경우 그 돈으로 만들 수 있는 변화에 대한 자신의 기준과 경계는 좀처럼 찾기 어렵다.

헬스장에 가거나 달리기나 근력 운동을 하는 건 괜찮다고 여겨진다. 이 행동들은 건강과 체력을 위한 것으로 인식되기 때문이다. 그러나 젊지 않은데도 젊어 보이려는 건 또 다른 문제다. 허영심은 나이와 상관없이 여자에게 아슬아슬한 줄타기이지만 나이 든 여자가 보톡스 시술을 조금 과하게 받거나 리프팅을 너무 심하게 하는 것에 대해 흔히 더 강한 비난을 퍼붓는다. 인터넷에서는 쉰 살 이상의 여자가 받는 리프팅이나 보톡스 시술이 실패하면 기뻐하는 사람들까지 보인다.

과거에 뛰어난 미인으로 불리던 여자가 나이 든 모습이나 자기 위치를 그대로 유지하고자 할 때 비난은 더욱 거세진다. 모델 린다 에반젤리스타Linda Evangelista는 50대 중반에 복부 지방을 줄이는 시술인 콜드스컬프팅이라는 시술을 받다 실패해 몸에 덩어리가 남게 되자 클리닉을 상대로 소송을 제기했는데, 언론과 소셜 미디어에서는 그가 "노화를 받아들이지 못했다."라고 비난하며 상담을 받으라는 조언을 했다. 그러나 모델 업계의 친구들은 그를 두둔하고 위로하려 노력했다. 그가 종사한 뷰티 산업과 그 업계에서 노화가 어떤 의미인지 그 누구보다 잘 이해하고 있었기 때문이다. 마찬가지로 〈섹스 앤 더 시티〉와 〈프렌즈〉와 같은 인기 TV 프로그램의 나이 든 여성 배우들도 노화된 얼굴과 몸을 보여준다는 이유로 비난받았다.

나이 든 여자는 남자나 미디어뿐 아니라 여성 커뮤니티 내에서도 무시와 판단을 경험한다. 바버라 맥도널드Barbara Macdonald는 1983년에 출판된 『내 눈을 바라봐 – 노년 여성과 노화, 그리고 나이 차별In Look Me in the Eye: Old Women, Aging and Ageism』에서 나이 듦과 관련한 심리적 혼란과 분노를 설명한 최초의 페미니스트 작가다.

보스턴에서 열린 한 행사에서 당시 예순다섯이던 바버라 맥도널드는 누군가로부터 회색 머리와 주름살 때문에 허약해 보이고 상황을 이해하지 못한다고 판단되므로 젊은 여자 사이에서의 자기 위치를 다시 한번 생각해보라는 말을 들었다.

맥도널드는 그 사건과 그때 느낀 감정을 설명한다. 그는 젊은이 문화와 가부장제가 함께 작용해 나이 든 여자를 다 똑같은 사람으로, 또 기껏해야 종속적인 존재로 인식되는 자리에 머물게 한다고 말한다. 이런 시스템에 관해 설명하며 그는 "어떤 여가를 즐기는 소비 계층이 있다면 그건 누군가의 희생 위에 존재하는 것이다"라고도 했다. 그리고 가부장제와 젊은이 문화가 협력하는 방식이 실제로 무엇을 의미하는지 설명한다. 백인 문화에서 일어난 페미니즘의 두 번째 물결을 관찰하고 참여한 노년 여성으로서의 경험을 통해 깨달은 건 "나이 많은 여성이 젊은 여성보다 열등한 존재"로 인식되는 것이다. 젊은 여자들은 정치적 힘이 부족하기 때문에 누군가보다 나은 존재라고 느끼는 데서 약간의 위안을 얻겠지만 그는 이런 사고방식이 지속되면 언젠가 그들 역시 사회와 다른 이들로부터 잘못 판단될 것이고, 그때 자신이 누군지 제대로 알리기는 어려울 거라고 조언한다.

바버라 맥도널드는 40년 전 우리가 그의 메시지에 귀 기울이지 않으면 어떤 일이 일어날지 경고했다. 하지만 나를 포함한 대부분의 젊은 페미니스트 여성은 그의 경고가 전혀 들리지 않는다는 듯 계속 활동을 이어갔다. 많은 사람은 농담이나 조롱, 때로는 자기 비하를 하며 나이 드는 것에 대한 두려움을 떨쳐내려 했다. '안티에이징'은 우리가 흔히 쓰는 용어가 되었고 나이 들어가는 몸을 적으로 돌리는 데 이보다 더 좋은 표현은 없었다. 이는 자기감정이 어디에서 비롯되었는지 잠시라도 돌아볼 수 없는 동화 속의 왕비와 크게 다르지 않다. 하지만 생각해보자. 왕비는 불행히도 동화 속에 갇혀 있다지만 우리는 그렇지 않다.

몇 년 전 내가 소셜 미디어에서 연령 차별에 관한 생각을 처음 공유하려 했을 때 60대 이상의 여성들조차도 반응이 미지근하거나 무관심했다. 대부분 젊은 시절 성차별 때문에 억압을 받았던 페미니스트들이었다. 젊었을 때 나는 기대에서 벗어나 자유로워지길 원했고 나이가 들자 같은 나이대의 사람들이 해야 한다고 여겨지는 생각에서 벗어나고 싶었으며 여전히 사회에 영향력을 행사하고 싶었다. 나는 남자의 시선에서 벗어나는 건 환영했지만 그렇다고 삶의 공동체에서 완전히 물러나고 싶지는 않았다. 왜 많은 사람이 나 같은 생각을 하지 않는지, 혹은 최소한 자기 생각을 표현조차 하지 않는지 궁금했다. 페이스북 친구가 몇천 명이나 되었는데 그중 상당수는 나와 나이가 비슷하거나 조금 더 어린 여자들이었다. 왜 그들은 우리가 마치 당연하게 받아들여야 할 것 같은 새로운 기대에 분노하지 않을까? 모두 우리가 물려받은 것과 동일한 걸 그대로 받아들인 사람들일 텐데 말이다. 여자와 노화에 관한 사실과 통찰이 가득한 새 책을 읽고 싶은 생각은 들지 않았을까? 아니면 연로한 부모를 돌보는 주제를 깊이 통찰한 수필을 읽고 싶진 않았을까? 그것도 아니면 연령 차별적인 의료 서비스 비용에 관해 보도하는 뉴스라든지, 내가 가끔 게시하는 노화와 연령 차별에 관한 다른 어떤 글이라도. 적어도 처음에는 그렇지 못했다. 하지만 지금은 변하고 있다. "하지만 나는 나이 들었다고 느끼지 않는다."라는 말은 여전히 나이가 들면서 생길 수 있는 취약성에 대한 방패막이로 여겨지곤 한다.

이 표현은 페미니즘의 두 번째 물결 초기에 많은 여자가 억압을 거부했던 걸 항상 떠올리게 한다. "하지만 저는 억압받는다고 느끼지 않아요." 당시 내가 속한 커뮤니티에서는 대부분의 페미니스트가 대학에 재학 중이었고 자신이 이성애자이든 아니든 스스로 이성애자라고 정체성을 확인했다. 우리는 '예외적'이고 '특별한' 남자친구와 남편에 관해 들었고 그들은 여자들을, 특히 함께 있는 여자들을 억압하지 않는다는 이야기를 자주 했다. 이런 이야기는 당시 깨어 있자는 모든 여성의 모임에 등장하는 거의 모든 남자친구나 남편에게 해당했다. 1960년대와 1970년대 미국의 모든 캠퍼스에는 문화에 뿌리박힌 성차별을 어떻게든 벗어난 비범한 젊은 남자가 수천수만 명이나 있었을 것이다. 하지만 남자친구 관계에서든 다른 곳에서든, 대학이라는 특권과 무관한 성차별은 그때 이미 모두의 삶에 유해한 존재로 자리 잡고 있었다.

그때 누군가 성차별을 무시하자고 제안했을 때 나는 화가 났고 지금도 나이 든 여자가, 종종 자랑스러운 페미니스트 여자가 연령 차별 따위 잊고 살면 더 행복할 거라고 말할 때, 또 마치 성차별과 달리 연령 차별이 개인적인 일인 것처럼 말할 때 마찬가지로 화가 난다. 하지만 내가 그들의 삶에서도 같은 일이 일어나고 있는지 물어보면 그들은 종종 구체적인 사례를 들며 대답한다. 분명히 그들도 그걸 인식하고 있다는 이야기다. 면밀히 살펴보면 연령 차별이 개인적인 문제가 아니라 문화의 일부라는 걸 알 수 있지만 막상 이 대화를 나누기는 쉽지 않다.

오래전 학생 시절부터 나는 성차별적 태도가 사회에서 어떻게 발현되는지 탐구해왔고 나와 내 주변 사람들의 의식 변화 과정을 지켜봐왔다. 감사하게도 시간이 지나고 내가 소셜 미디어를 계속 사용해오면서 연령 차별에 대한 인식도 서서히 변화하고 있다. 하지만 그래도 여전히 더딘 것처럼 느껴질 때가 많다. 내 소셜 네트워크에서 친구 요청을 한 어느 60대 여자가 내게 "유머 감각 좀 가지세요"라고 한 적이 있다. 그는 내가 연령 차별에 관한 기사를 올리는 걸 싫어했다. 추하게 묘사된 노인의 몸을 조롱거리로 삼는 것에는 전혀 개의치 않지만(자신은 그들과 닮지 않았으니까), 여자의 어리석음이나 우둔함을 보여주기 위해 사용된 성차별적인 농담과 만화는 그를 불같이 화나게 했다.

나도 무언가를 받아들이기까지 오랜 시간이 걸리곤 한다. 그래서 『내 눈을 바라봐 – 노년 여성과 노화, 그리고 나이 차별』에서 바버라 맥도널드가 말한 내용을 처음 접했을 때는 받아들이지 못했다. 하지만 지금은 내가 나 자신을 비롯한 다른 여성이 나이 든 얼굴과 몸에 대한 근거 없는 믿음을 받아들이는 걸 보며 우리가 현실을 무시하고 잊어버린 대가를 얼마나 크게 치렀는지 깨닫는다. 더 큰 문화에서 이미 어느 정도 외면당해 온 신체적 자아를 인정받기 위해 노력하는 건 경험하기에도, 목격하기에도 모두 불편한 일이다. 우리가 쉰, 예순, 일흔이 될 때 화려한 사진을 올리는 이유는 여러 가지일 수 있지만 어떤 이들은 의식적으로든 무의식적으로든 이런 이미지들을 통해 커뮤니티의 거울 앞에서 확신을 얻으려 하는지도 모른다. 수백 명은 아니더라도 수십 명의 팔로워와 친구들이 댓글로 마법의 단어를 조합해 종종 속삭인다. "멋져 보이세요!" "30대처럼 보여요!" "아름다우세요!" "나이보다 젊어 보여요!" "아무도 당신이 일흔인 줄

모를 거예요!"

그러면 안도의 반응이 돌아온다. "감사해요, 정말 고마워요."

매력적인 자아를 유지하고 싶고, 건강하고 싶고, 보기 좋고 아름답게 보이고 싶어 하는 건 죄가 아니다. 하지만 내가 싫어하는 부분, 또 다른 사람들을 볼 때 불편하게 느껴지는 부분은 나이를 적으로 여기는 믿음이다. 다른 사람의 확신이 우리가 이 가상의 적과 싸우기 위해 무엇을 하고 있든 그게 효과가 있다는 믿음을 줄 순 있지만, 동시에 의도치 않았더라도 우리가 여전히 왕국 안에서 가치 있는 존재라고 확인해주기도 한다. 왕국은 여전히 젊음과 아름다움을 여자가 지닌 최고의 가치 중 하나로 두기에 우리가 그런 가치를 받아들이는 한 우릴 소유하게 된다. 아직 젊어 보인다는 말을 듣기 위해 호소하고 원하는 말을 얻을 때 우리는 여전히 나이 들고 그에 걸맞게 보이는 사람들을 배제하는 데 동참하는 셈이다. 왕국에서 그 규칙은 지속될 것이며 박수를 받고 인정을 얻고, 또 존경받을 만한 가치 있는 존재가 되기 위해 가능한 한 오래 젊어 보이려는 여자의 욕구는 계속 강하게 유지될 것이다. 그리고 그들은 여전히 다른 존재로 남게 된다.

∕ ∕ ∕ ∕ ∕ ∕ ∕

 노년은 잘 무장해야 진입할 수 있는 낯선 세계가 아니라 친숙하던 자신의 세계가 확장되는 시기이다. 노화는 개인적인 것이어서 각자 자신이 잃고 있는 것과 이미 잃은 것, 즉 여기서 무언가를 빼고 저기서 무언가를 더하는 구체적인 리스트를 만들 수 있다. 지구상에 존재하는 모든 허영심을 동원하고 심지어 산업적 동반자와 함께한다고 해도 노화에서 벗어날 순 없다. 인생 내내 우리에게 닥쳐온 신체적 변화를 멈출 수 없었던 것처럼.

 우리는 우리 몸을 잘 안다. 우리 몸은 적대적인 환경이 아니다. 우리는 몸을 돌보고, 입히고, 먹이고, 단장하고, 운동시켰으며 또 몸에게 크고 작은 즐거움을 주었다. 우리와 우리 몸은 무수히 많은 미지의 영역을 함께 누볐다. 그랬던 우리 몸이 이제 지금껏 그래왔듯 자연스러운 자기 길을 따르겠다는데 거부해야 할까? 최근에 이 생각을 하면서 아이들에게 성공적으로 사는 법에 관해 얘기했던 미스터 로저스를 떠올렸다. 그는 〈로저스 아저씨네 동네〉라는 어린이 프로그램 속 캐릭터다. "첫 번째 방법은 친절함입니다. 두 번째 방법도 친절함입니다. 세 번째 방법 역시 친절함입니다." 이는 인생의 어느 시기에서든 좋은 조언이다.

 엄마는 노년에도 옷과 헤어스타일, 메이크업에 세심하게

신경 썼다. 엄마는 백 살이 되던 해, 그러니까 세상을 떠나기 전 마지막 해에도 여전히 안티에이징 크림을 발랐다. 그 과정에서 줄곧 운동을 하고 신중하게 식사를 했고, 여전히 통제할 수 있는 것들을 관리하려고 노력했다. 엄마에게는 아름답게 보이는 게 중요했다. 엄마는 나이 들며 얼굴과 몸이 변하는 걸 즐기지 않았다. 나와 함께 있을 때는 자유롭게 불평을 했고 나는 그 말을 들어주었다. 백 살을 사는 건 긴 여정이었고 그 과정 안에서 많은 것을 배워온 엄마였지만 엄마가 오랫동안 서 있던 아름다움의 단은 높았다. 수십 년 동안 남자들이 선호하는 외모로 산 엄마에게 노년은 힘든 시기였다. 하지만 나이 들며 찾아온 고통과 장애를 어떻게 극복할지 알아냈던 것처럼 노년기에도 이를 극복할 방법을 찾았다.

엄마는 세상을 떠나기 전 마지막 7년 동안 요양 시설에서 생활했다. 그동안 나는 엄마와 몇몇 다른 여자가 서로에게 긍정적이고 친절하게 말하는 모습을 목격했다. 새로 산 안경의 세련된 라인, 개성 있는 액세서리나 대화 주제를 고르는 센스, 모임 분위기를 밝게 만드는 능력, 노래나 피아노를 다루는 재능, 힘이 들어간 악수, 따뜻한 목소리, 리듬 감각, 다른 사람을 포용하려는 마음가짐, 독특한 걸음걸이 등을 그들은 서로에게 반복적으로 말해주었다. 절대 허영을 부추기려고 하는 아첨이 아니었다. 그중 일부는 자라온 시대 덕분에 허영심이 남아 있었을지 모르지만 엄마와 다른 친구들이 서로에게 보여준 건 진정한 거울이었다. 그들은 그 거울을 통해 서로에게 감사하는 진짜 이유를 되돌아볼 수 있었다. 그들은 진실을 지키며 몇 마디 말과 몇 번의 끄덕임, 그리고 손길로만 서로를 표현했다. 또 강점을 강조하고 오랜 세월이 지나도 빛을 잃지 않는 것에 주목했다. 그들은 서로를 눈에 띄게 하고 자신이 본 것을 명확하게 표현하기 위해 "너의 흥미롭고 사랑스러운 데다가 우아하기까지 한 무언가가 내 관심을 끌었다"라는 식으로 말했다. 이 과정에서 옳든 그르든 자신이 성장해온 시스템의 특징인 인정의 필요성과 함께 모든 인간이 인정받고 싶어 한다는 단순한 욕구를 동시에 인정했다.

대부분 여자인 이 시설의 모든 거주자는 한때 거울 앞에 서서 자기 존재를 확인받았다. 때때로 그 존재가 잘 보이지 않게 되면 허영심이 생길 수 있지만 이런 형태의 공동체 생활에서 내가 느낀 제일 좋은 점은 때로는 마을 전체가 나이 든 여자를 일으켜 세우고 그가 자기 자신에게 돌아갈 수 있게 해준다는 점이다. 소셜 미디어가 이 역할을 수행할 때도 있지만 그 미디어는 외모와 큰 업적에 초점을 두는 경향이 있다.

우리가 잘 아는 이곳을 떠나는 죽음이 다가오겠지만 그렇다고 해서 그게 이곳의 다른 것들을 볼 수 없다는 의미는 아니다. 나는 엄마가 아름다움을 잃은 걸 얼마나 깊이 슬퍼하고 있는지 볼 때마다 마음이 아팠다. 하지만 엄마가 다른 사람을 인정하는 방식을 배웠고, 엄마가 돌아가신 뒤 낯선 사람은 물론 또래나 나보다 더 나이 많은 사람들에게 이 방법을 썼다. 다른 나이 든 사람들도 내게 같은 방법을 쓰는 걸 보았다. 거울에 인정해달라고 요구할 필요 없이 서로에 대해 보고 느낀 점을 나눈다는 건 우리가 사라지지 않았다는 걸 뜻하며 또 완벽히 눈에 보인다는 걸 의미한다. 하지만 이보다 중요한 건 우리가 서로를 볼 의지가 있다는 게 아닐까. 이렇게 직접 실천하는 게 내가 앞으로도 엄마와 함께 살아가는 방법 중 하나이자 엄마가 사라지는 데 대한 나 자신의 두려움을 해소할 완벽한 해독제이기도 하다. 내가 이 지구상에 있는 동안에는 낯선 사람과의 대화에서도 가치 있는 무언가를 느낄 수 있을 것이다. 나이가 들면서 점점 더 낯선 사람과 대화하고 싶어진다.

이런 소소하지만 밝은 순간들이 일반 대중 사이에서도 늘어나길 바라는 게 어리석은 일일까? 나는 누군가에게 우월감을 느끼기 위해 노년층을 배제하고 깔아뭉개려는 젊은이들이 그런 행동을 멈추고 노년층도 더 이상 외모로 서로를 우월하게 만들려 하지 않게 될 거라고 믿고 싶다. 포용성에 대한 요구가 계속된다면 그렇게 될 수도 있을 거라 믿는다. 다음 세대는 인간다움의 의미를 더 깊이 인식하며 빛을 드러내고, 또 상대를 칭찬할 만할 거리를 더욱 많이 찾아내길 바란다.

왕비는 특정한 젊은 사람 한 명과 맞서 싸우고 있었다. 만약 왕비와 함께 차라도 한잔 마시며 대화한다면 그는 문제의 원인이 백설공주가 아니라 훨씬 더 큰 무언가라고 인정할지도 모른다. 그리고 그 문제는 해결될 수 있다. 아름다움과 우아함의 본질에 대한 생각이 확장되는 건 가히 혁명적인 일이다.

겨울의 이야기를 읽고 싶다

어린 시절 스스로 책을 읽을 수 있게 되었을 때 나는 기이한 일들, 위험, 경이로움, 환상, 그리고 평범한 나와 비슷한 캐릭터들로 가득 찬 책에 푹 빠져들었다. 책 속의 아이들은 용기와 재치, 기지를 발휘해 어렵게 승리를 쟁취하곤 했다. 문장 속 단어들이 자연스럽게 머릿속으로 흘러 들어왔다. 나는 위로와 확신을 얻었고 때로는 삶이 고통스럽다는 불편한 진실을 받아들이기도 했다.

열두 살 때쯤 미네소타주 파이프스톤의 작은 도서관 속 어린이 도서 판매대에서 관심 있는 책을 모조리 읽었다. 그때 내 안의 나침반이 크게 흔들리는 걸 느끼며 내 기준이 바뀌었다. 상상 너머 어딘가에 존재하는 진정한 북쪽이 어렴풋이 느껴졌다.

나는 새로운 이야기와 그 이야기를 할 장소, 그리고 그 방법에 관해 다룬 책이 필요했지만 당시에는 청소년 문학이라는 범주가 없었다. 커다란 경험이 나를 향해 다가오고 있었는데 내가 읽던 책들에서는 그 어떤 길잡이도 찾을 수 없었다.

그 무렵 어린이 도서관 사서였던 버니스가 『작은 아씨들』이라는 책 한 권을 건네주었다. 극본 쓰기를 좋아하는 말괄량이 조 마치가 내 상상 속으로 들어와 새로운 가능성을 보여주었다.

고등학교 이후로는 영어 선생님과 대학교 문학 교수들의 지도 덕분에 읽은 많은 책이 젊은 시절의 경험을 구체화하고 내가 누구인지, 또 무엇을 원하는지에 대한 이해를 넓혀주었다. 수많은 희곡과 단편, 장편, 청년들이 자기 인간성을 탐구하고 사고하는 법을 배울 수 있게 엄선한 작품들을 읽었다.

그 뒤 몇 년 동안 책 리뷰를 읽고 책을 많이 읽는 사람들과 친구가 된 덕분에 사랑, 배신, 상실 등을 겪는 청년 또는 중년 주인공에 관한 소설에서 계속 공감할 수 있는 대상을 발견했다. 또 깨진 결혼, 좌절된 경력, 독일 전역을 가로지르는 행군, 러시아에서의 수감 생활, 곳곳의 전쟁, 식민화, 반란, 사막을 지나는 낙타 여행, 알코올 및 약물 중독, 박해, 기소, 부패, 반란, 동정심 없는 마을 등을 경험하는 주인공들의 이야기에서 나와 비슷한 점을 발견했다. 나는 셀 수 없이 많은 상상의 옷을 입었고 이 세계에 몰입할 때마다 주인공에게서 공감할 수 있는 무언가를 발견하고 그로 인해 이야기를 이어갈 수 있었다.

그런데 지금은 그러기가 어렵다. 나이가 들고 이렇게 내 경험과 맞닿아 있던 강렬한 이야기의 물줄기가 한낱 미약한 물방울로 줄어들 줄은 상상도 못했는데 실제로 그렇게 되었다. 아이작 바셰비스 싱어Isaac Bashevis Singer는 "문학은 노인과 그들의 감정을 외면해왔다. 소설가들은 인생의 다른 문제와 마찬가지로 젊은 사람들은 단지 초보자에 불과하며 사랑의 예술은 나이와 경험이 쌓이며 성숙해진다는 걸 말해주지 않았다."라고 썼다.

서점에 도착하면 여전히 오른쪽 귀퉁이를 돌아 나이 든 여자에 관한 소설이나 이야기 모음집을 찾아본다. 하지만 보통은 거의 찾지 못하고 평판이 좋은 소설들을 집어 들어 소개글을 읽고, 때로는 몇 페이지를 넘겨보곤 한다. 그리고 종종 이 의식적인 행위를 마친 뒤 집어 든 책들을 하나씩 내려놓고 약간 실망한 채로 다른 섹션을 둘러보며 서점을 돌아다닌다. 서점을 나설 때 또다시 들리는 문 위의 종소리는 왠지 들어올 때만큼 경쾌하지 않다.

도서관에서 새 소설을 모아두는 책장 앞에 서 있을 때도 마찬가지다. 그곳에 있는 모든 책은 인간의 삶이 봄과 여름, 그리고 어쩌면 며칠의 가을로만 구성된 것처럼 보이게 한다. 그곳에 겨울 이야기는 거의 놓여 있지 않다. 여기서 말하는 겨울 이야기는 나이 든 사람, 특히 내가 관심 있는 나이 든 여자가 주인공으로, 지나간 청춘을 회상하는 게 아니라 지금 살아가는 이 순간을 다룬 진솔한 이야기이다.

가끔 나보다 젊은 이웃이나 지인이 노년을 다룬 소설을 향한 내 지독한 관심을 알고 나이 든 캐릭터가 나오는 책을 추천해 준다. 대부분은 폭력성이 적고 친근한 분위기의 추리 소설 카테고리에 속해 있다. 많은 사람이 그러하듯 나도 이런 책들을 좋아하긴 한다. 〈제시카의 추리극장Murder, She Wrote〉 같은 TV 시리즈나 아가사 크리스티Agatha Christie의 모든 〈미스 마플Miss Marple〉 이야기가 인기를 얻는 걸 보면 알 수 있다. 온라인에서 '나이 든 탐정'을 검색하면 현대 작가들의 코지 미스터리cozy mystery (가볍고 편안한 추리물 - 옮긴이) 소설을 소개하는 사이트들이 나온다. 마을에서 일어난 살인 사건을 나이 든 여자가 해결하는 이야기는 여전히 잘 읽히는 글을 구성하는 확실한 공식을 갖추고 있다. 하지만 이런 책들은 내가 바라는, 인생의 후반부에 대한 성찰을 담고 있지는 않다.

요즘은 눈이 쉽게 피로해져서 남은 시간엔 내게 의미 있는 책을 위해 눈을 쓰고 싶다. 나이 든 여자에 관한 소설만 꾸준히 읽고 싶다는 건 아니지만 가벼운 추리소설이나 중서부에서 파리로 향하는 젊은 여자에 관한 소설, 혹은 폐경 후의 여자들이 함께 범죄를 저지르기로 결심하는 가벼운 이야기에 돈과 시력을 쏟고 싶지는 않다. 이야기 초반에 죽어버리는 할머니가 나오는 것도 원하지 않는다. 누군가 내게 할머니와 어린 손녀를 다룬 책을 건넨다면 토베 얀손Tove Jansson의 『여름의 책The Summer Book』처럼 아름답고 진실한 책이길 바란다.

문학 속에서 중심인물로서의 노인이 거의 부재한 건 이미 느끼고 있는 존재감 상실에 더해 우리를 더욱 보이지 않게 한다. 하지만 도서관 사서나 서점 매니저에게 불평할 만한 문제는 아니다. 그들이 할 수 있는 일이라고는 출판사의 출간 목록에서 최고의 책을 주문해 판매를 기대하는 것뿐일 테니까. 그래서 나는 혼자 이 문제를 생각하며 이 부재가 무엇을 의미하는지, 왜 중요한지 이해하려고 노력한다. 아이작 바셰비스 싱어가 이 부재를 인식했을 당시에는 아마도 그런 이야기를 읽을 독자가 많지 않았을 수도 있다. 하지만 왜 오늘날에도 노년 독자에게 어필할 책들이 가득하지 않은지 이해가 안 된다. 요즘은 독서 인구도 많고 매일 만 명이 넘는 사람이 65세가 된다. 이는 앞으로도 계속될 사실이다. 출판사 사람들은 무슨 생각을 하는 걸까? 시장은 버젓이 존재한다.

물론 모든 훌륭한 소설 속 인물들에게 공감할 수는 있다. 문학은 인간의 모습을 반영하며 우리 영혼을 채워주기 때문이다. 고독을 닮은 두려움을 느낄 때도 우리가 절대 혼자가 아니라는 걸 알려준다. 때로 나는 젊은이들과 중년에 관한 이야기를 읽을 때 큰 즐거움을 느낀다. 내가 그 나이를 경험했던 기억이 떠오르기 때문일 것이다. 나는 그들의 순수함과 욕망, 특히 그들의 고통에 감동하곤 한다. 그 고통 중 상당 부분은 내가 그랬듯 그들도 피할 수 있었을 거라 생각한다. 우리는 서로에게 얼마나 가혹한지, 또 우리 자신에게 얼마나 가혹한지 경이롭게 여기지만 동시에 우리가 서로에게 얼마나 중요한 존재인지, 서로를 얼마나 지탱하는 존재인지 깨닫고 감탄한다. 하나의 이야기가 인간이 된다는 게 무엇을 의미하는지 깊이 있게 드러낼 때 나는 여전히 설렌다. 그렇다면 나는 현재의 문학 세계에 만족해야 하지 않을까? 영혼은 나이 들지 않으니 말이다. 그런데도 왜 이런 갈망이 계속될까?

어쩔 수 없다. 최근에 출판된, 평판이 좋고 수상 경력이 있는 소설을 찾아 집으로 가져와 읽고, 다 읽고 나서 수없이 훌륭한 깨달음을 얻는다고 해도 내 귀에선 어느 목소리가 속삭인다. "좋은 책이었어. 그런데 우리 얘긴 어딨지?"

만약 우리가 나이 든 사람일 뿐 아니라 레즈비언이거나 유색인종, 장애인, 가난한 사람, 혹은 그 밖의 방식으로 소외된 사람이라면 자신을 반영하는 문학 작품을 찾으려는 희망이 정기적으로 좌절될 것이다. 가장 훌륭한 최근 소설 중에서도 "나는 어디에 있는가?"라는 질문에 대한 대답은 너무나 자주 이렇게 돌아온다. "너? 아, 거기 서 있는 걸 못 봤네. 그런데 그렇게 귀찮게 굴 거면 한 가지 물어볼게. 누가 너에 관해 읽고 싶어 하겠니?"

　노화는 일어난다. 그건 너무나도 현실적인 일이다. 다른 많은 문화권에서 인식하는 것처럼 노화 이야기는 젊은 청춘의 이야기가 아니다. 노화가 현실로서 중요하지 않다고 가정하거나 현실이지만 받아들이기에 너무 어렵고 불쾌하다고 여기는 건 우리 삶의 10년, 20년, 30년을 지워버리는 것과 같다. 그 시기에도 우리는 여전히 존재하며 최소한 우리 자신에게는 물론 종종 다른 이들에게도 여전히 존재한다. 노년을 다룬 문학이 없는 책장은 현실을 반영하지 않는다. 노년은 이야기는 넘쳐나는 시기이지만 문학 속에는 없다.

／／／／／／／

　머릿속에서 '우리 이야기는 어디에 있는가'라고 묻는 목소리를 처음 들었을 때부터 나는 가끔 온라인에서 삶의 이 시기를 다룬 좋은 소설을 검색하곤 했다. 오랜 시간 동안 『노인과 바다 The Old Man and the Sea』가 얼마나 자주 나타났는지 놀라울 정도였다. 마치 그 노인이 잡은 청새치 한 마리가 우리 모두를, 세대에 걸쳐 먹여 살리기에 충분하다는 듯 보였다. 나이 든 여자가 주인공인 소설이 이런 목록에 오르는 일은 거의 없었다.

　몇 년이 지나자 소설 목록에 더 많은 이야기가 등장하기 시작했다. 특히 이전 세대의 기성작가들이 쓴 책들이 눈에 띄었다. 40대에 인기와 호평을 받은 『메멘토 모리Memento Mori』를 쓴 뮤리얼 스파크Muriel Spark를 제외하고는 대부분의 저자들이 나이가 들어가면서, 혹은 노년기에 접어들면서 노년에 관한 이야기를 쓰기 시작했다. 마거릿 드래블Margaret Drabble, 도리스 레싱Doris Lessing, 메이 사튼May Sarton, 엘리자베스 테일러Elizabeth Taylor, 바버라 핌Barbara Pym, 레오노라 캐링턴Leonora Carrington, 마거릿 로런스Margaret Laurence, 앤절라 서켈Angela Thirkell 등이 바로 그들이다. 지금 언급한 작가들의 소설을 대부분 읽고 좋아했지만 나는 여전히 나와 같은 세대나 조금 더 어린 세대가 이 시대에 나이를 먹어가는 게 무엇인지 이야기하는 목소리가 들려오길 계속 기다린다.

어쩌면 회색 머리카락 여자를 다룬 글쓰기에 도전하려는 나이 든 작가는 그 시도가 조금 위험하다고 생각할 수도 있다. 이미 벼랑 끝에 서 있는 셈이다. 북 콘텐츠 미디어인 북라이엇BookRiot의 최근 보고서에 따르면 남자 주인공이 등장하는 소설이 여자 주인공이 등장하는 소설보다 평균적으로 천만 부 더 많이 팔린다. 그뿐만 아니라 노년 여성의 작품은 젊은 여자 작가에게 자리를 내주느라 종종 사람들의 시야에서 사라지기도 한다. 나이 든 여자 소설가라면 리뷰와 문학 웹사이트, 심지어 잡지 《피플》의 페이지에서 첫 소설을 든 젊은 여자들의 얼굴을 바라보며 이 사실을 인식하고 있을지도 모른다. 이 젊은 여자 모두가 천재는 아니다. 사실 모든 연령의 작가 중에서 천재는 소수이다. 그들에게 주목이 쏟아지는 이유는 그들의 젊음이지 그들의 천재성 때문은 아니다. 그래도 이 젊은 작가들에게 비난의 화살을 돌릴 필요는 없다. 우리 역시 새로운 목소리를 듣고 싶어 하니까.

게다가 나이 듦은 소설에서 그리 인기 있는 주제로 여겨지지 않는다. 나이 든 캐릭터가 등장하는 책 리뷰의 헤드라인 작성자들은 주제만으로도 움찔하는 듯하다. 아무리 찬사를 받는 작가라도 피할 수 없다. 마거릿 드래블의 소설 『다크 플러드 라이즈The Dark Flood Rises』가 출간되었을 때, 《뉴욕타임스》 리뷰 기사의 헤드라인은 "죽음과 재앙이 마거릿 드래블의 새 소설 속 등장인물들을 괴롭힌다"였다. (이 리뷰를 쓴 시아 오직Cynthia Ozick이 책의 주제와 인물을 지적이고 깊이 있게 묘사한 걸 보면 이 기사 제목은 아마 그의 아이디어가 아니었을 것 같다.) 서보 머그더Szabó Magda의 소설 『도어The Door』는 (서보는 이 소설을 쓸 당시 칠순에 가까워지고 있었다) 내가 읽은 것 중 노년을 가장 심오하고 매혹적으로 다룬 소설이었다. 그런데 이 소설에 대한 《뉴요커》의 리뷰 제목은 "서보 머그더의 『도어』 속 헝가리의 절망"이었다. 이 헤드라인을 보고 나이 든 여자와 죽음과 절망에 관한 이 책을 빨리 읽고 싶다고 생각할 독자가 얼마나 될까?

그럼에도 불구하고 나처럼 몇몇은 그 제목을 보고도 이 책을 읽어보자며 책에 뛰어든다. 노년에 관한 이야기를 누가 더 잘 알까? 나이 든 작가만큼 이 이야기를 잘 아는 사람은 없다. 그리고 노년의 여자 주인공을 염두에 둔 나이 든 소설가에게는 좋은 소식이 많다. 우리 독자들에게 '나이 듦'은 새로움이기 때문이다. 남자 주인공으로 넘쳐난 세월을 겪은 뒤 이제 우리가 우리가 또 다른 남자 주인공을 원할까? 노년 인구는 1900년 이후로 네 배로 증가했고 그 뒤로도 계속 증가하고 있다. 이 사람들은 어느 때보다 오래 살고 있다. 이 말인즉슨 독서를 위한 시간이 더 많아지고 있다는 뜻이기도 하다. 더군다나 새롭게 노년에 접어든 세대는 나처럼 독서를 하며 자란 사람들이니 많이들 읽는 건 물론이고 책을 살 돈이 있는 사람들은 책도 사들일 것이다. 이 세대는 이미 수십 년 동안 소설을 구매하고 도서관에서 대출해왔다. 이 세대에서 작가들은 인생의 이 시기를 다룬 이야기를 간절히 기다리는 독자를 발견할 가능성이 높다.

그러나 출판사들은 백인이 아닌 사람들의 캐릭터와 이야기에 관심이 없다고 생각했던(그리고 지금도 많은 사람이 그렇게 생각하고 있는) 것처럼 노년기에 대한 가상의 나침반에 관심이 없다고 착각하고 있는 듯하다. 어쩌면 그들은 예순 이후의 삶에 대해 알아야 할 모든 것은 노인병 전문의나 사회과학자들이 쓴 논픽션에서 찾을 수 있다고 생각하는지도 모르겠다.

아마 출판사들은 나이 든 작가가 나이 들었다는 사실을 우선으로 생각하고 그가 자신의 과거 이야기 말고는 별로 할 말이 없다고 여기는 걸지도 모른다. 우리는 다이애나 애실Diana Athill의 『되살리기의 예술Stet』처럼 흥미로운 과거로 독자를 이끄는 몇몇 회고록을 찾아볼 수 있다. 그는 문학 편집자로서 여러 유명 작가와 일했고 진 리스, V.S. 나이폴V.S. Naipaul, 노먼 메일러Norman Mailer, 필립 로스Philip Roth 등 유명인들에 관한 이야기를 들려준다. 그의 회고록은 내가 느끼는 그리움을 어느 정도 충족시켜주며 아름다운 문장으로 쓰여 있다. 잘 알려지지 않은 인물들에 대한 회고록 또한 흥미로울 수 있다. 최근 회고록 작가들은 종종 소설적 기법을 사용하여 이야기에 흥미를 더한다.

그런데도 소설은 또 다른 경험을 제공한다. 회고록을 쓴 작가에게 잘 알려지지 않았지만 좋은 이야기가 있고 그 이야기가 우리 삶의 경험과 공감을 불러일으킨다 해도 그건 여전히 작가의 이야기일 뿐이다. 우리는 이 실존 인물과 동일시할 수 있다. 가상의 인물과 마찬가지로 그를 응원하거나 상실의 아픔을 느낄 수도 있다. 하지만 소설을 읽으면 그 이야기 자체가 우리 자신의 이야기가 된다. 작가는 사라지고 보이지도 들리지도 않는다. 그리고 등장인물이 그 자리를 대신한다.

이야기가 그 자체로 존재하고 오직 독자에게만 속해 있으며 아무도 배후에서 조종하지 않는다는 착각은 독자를 한 인물로 변모하게 하고 그 인물의 시선을 통해 사물을 해석하게 해 독자를 변화시킨다. 소설과 회고록 모두에 사실이 존재할 수 있지만 둘을 읽는 경험은 다르다. 적어도 내게는 그렇다. 예를 들어 《뉴요커》를 집어 들고 아무 페이지나 넘겨 읽어보면 내가 소설을 읽고 있는지 논픽션을 읽고 있는지 거의 바로 알아차릴 수 있다. 논픽션도 하나의 예술이기 때문에 논픽션의 가치를 폄하하려는 건 아니다.

나이 든 여자를 다룬 잘 쓴 회고록을 더 찾아내는 수고로움이라면 마다하지 않을 것이다. 하지만 그 회고록이 저자의 젊은 시절에 관한 내용을 주로 다루는 게 아니라 최근의 삶이나 현재의 성숙한 삶에 초점을 맞추었으면 한다. 물론 여성의 역사를 담은 수많은 이야기가 회고록으로 보존되어야 하며 꼭 그렇게 되기를 바라는 마음도 간절하다.

어떤 사람들에 대한 좋은 문학, 즉 소설이나 이야기, 회고록, 희곡, 시 등이 결여되어 있을 때 그 집단에 속하지 않은 사람들은 그들을 멋대로 추측하고 가정하고 고정관념에 의존해 종종 잘못 판단한다. 이런 고정관념은 의심스러운 사람들과의 만남을 두려워하게 하고 우리는 그 집단의 사람들을 가장자리로 밀어내려 노력하게 된다. 조이 브레넌Zoe Brennan은 자신의 책 『최근 소설 속의 나이 든 여자The Older Woman in Recent Fiction』에서 나이 든 여자가 문학에서 잘못 묘사되거나 무시당하는 한 "여자라는 범주는 불완전한 상태로 남아 있다."라고 썼다.

나는 시몬 드 보부아르의 『노년』을 읽기 전까지는 문학에서 나이 든 사람들에 대한 고정관념이 어떻게 생겨났는지 깊이 생각해보지 않았다. 그는 오랫동안 문학에서 나이 든 사람들의 특징과 태도가 이전 세대의 작가들이 대중에게 제공한 노화에 대한 상투적인 이미지에서 비롯되었다고 말한다. 예를 들어 지난 세기 초에는 수명이 짧았기 때문에 젊은 작가들이 쉰 이상, 심지어 자신의 조부모조차도 예순 이상의 사람을 알지 못했을 수 있다. 그래서 작가들은 오래된 캐릭터를 구성할 때 과거의 특성과 신체 상태가 여전히 적용되는 것처럼 끌어다 썼고 이는 오늘날까지도 계속되고 있다. 현대의 일흔 살과 1920년대의 일흔 살의 공통점이라고는 주름 말고는 없을 때조차 그렇다.

수명이 길어지고 엄청난 변화를 겪었음에도 독자는 노화를 다룬 소설이 우울할 거라고 생각할 수 있다. 죽음, 재앙, 절망. 누가 그런 걸 원하겠는가? 말하자면 치매 같은 것처럼.

몇몇 훌륭한 현대 작가가 치매라는 주제를 다뤘다. 아마 이 주제를 다룬 소설을 원하는 독자가 많았던 게 원인일 것 같다. 이 주제가 그들의 삶과 깊숙이 맞닿아 있기 때문일 것이다. 결국 치매는 불륜으로 인해 결혼 생활을 잃는 마흔 살의 남자 이야기나 승진에서 번번이 밀려나는 여자의 이야기만큼이나 소설에 적합한 주제이다. 자신의 온전한 마음과 정신에서 밀려나는 게 그런 삶의 경험만큼 힘든 일이니 이에 관한 책을 쓰고 읽어보는 건 어떨까? 이런 책들은 쉽게 찾을 수 있다.

『스틸 앨리스Still Alice』, 『엘리자베스가 사라졌다Elizabeth is Missing』, 『마음의 전환Turn of Mind』, 『어울리지 않는 것Unbecoming』, 『안녕, 비타민Goodbye, Vitamin』, 『엘시에 관한 세 가지Three Things about Elsie』, 『파란 실타래A Spool of Blue Thread』, 『별은 파랗게 변한다Stars Go Blue』 등이 바로 그 책들이다.

하지만 나이 든 사람들은 곧 치매가 노년에 대한 유일한 이야기가 아니라는 사실을 알게 된다. 비록 뇌는 변화하지만 치매는 노화의 '정상적인' 일부가 아니다. 나이가 들수록 치매의 위험이 증가하지만 최고령층(85세 이상)에서도 모든 사람이 치매를 앓는 건 아니다.

우리가 더 잘 보이게 되는 유일한 방법은 우리의 모습, 그러니까 우리가 어떤 사람들인지, 또 우리가 하는 일, 심지어 더 이상 할 수 없는 일과 대신 그 시간을 채우는 일들까지 모두 보여주는 작품 속에 등장하는 것이다. 시몬 드 보부아르는 『노년』에서 "성장하고 무르익고 나이 들고 죽는 등 시간의 흐름은 예정되어 있고 피할 수 없다."라고 단호하게 말하지만 곧이어 "개인, 집단, 혹은 사회적, 정치적, 지적 또는 창의적인 일에 대한 헌신을 통해 우리 존재에 의미를 부여하는 목표를 추구할 수 있다."라고 말한다. 이런 삶의 현실을 다룬 더 많은 책이 노인과 젊은이 모두에게 필수적인 양분처럼 느껴진다. 보부아르는 이렇게 말한다. "우리가 무엇이 될지 모른다면 우리가 무엇인지 알 수 없어요. 이 노인이나 저 노인에게서 우리 자신을 알아봐야 합니다. 우리가 인간으로서의 삶 전부를 온전히 받아들이려면 반드시 그렇게 해야 해요."

어떤 세대도 '노년 여자'라는 일반적인 틀에 속하지 않을 것이다(그리고 예전에도 그랬던 노년 여자는 없었다). 우리를 형성한 세월과 현재 우리가 경험하는 세월은 우리 전 세대 여성이 겪은 것과는 다르다. 소설 속 많은 주인공은 페미니즘의 관점에서 세상을 바라볼 것이다. 또 그들은 성소수자 인권을 위해 행진했던 여자들을 기반으로 할 것이다. 그 당시 여자들은 지금쯤 어떤 일을 하며 어떤 삶을 살고 있을까? 삶의 모든 분야에서 경력을 쌓고 예술, 음악, 문학의 경계를 넓히며 피임과 낙태에 대한 접근성을 확보한 여자들은 충분히 가치 있는 주제이다. 한두 명 혹은 열 명, 백 명, 천 명 이상의 등장인물들을 따라 그들의 하루를 지금 살아간다면 어떨까? 과연 어떤 이야기가 펼쳐질까?

나는 일흔에 말을 키우기로 결심하거나 기업가가 되기로 한 여자를, 젊은 시절부터 교외로 향했고 60대에도 여전히 그 삶을 살고 있는 여자를, 또 자기 선택에 대해 고민하는 여자를 소설 속에서 만나고 싶다. 다른 사람의 집을 청소하고 다른 여자 노인들을 돌봐온 노년의 여자, 마흔에 사이비 종교에 가입했다가 예순에 탈퇴하기로 결심한 여자, 유권자 등록을 위해 문을 두드리는 여든 살의 여자, 옆집에 사는 이민자를 위해 제도에 맞서 싸우는 예순 살의 여자 이야기를 읽고 싶다. 자기를 대신할 사람이 없어 은퇴를 두려워하는 낙태 시술자, 캠페인 고문, 식당 종업원, 거리의 노점상, 갤러리 주인, 동물 구조자, 더 이상 도서관에서 일하지 않는 사서, 이제는 사람들을 도울 방법이 없는 은퇴한 사회복지사, 처음으로 보행기를 사용하게 된 여자의 이야기를 원한다. 번잡한 거리에서 짐을 가득 실은 카트를 밀고 다니거나 딸의 남는 방에서 숨어 지내야 하는 노숙자 할머니의 이야기가 듣고 싶다. 평생 예술을 해왔지만 인정받지 못한 예술가가 예순, 일흔, 여든이 되어도 여전히 예술 활동을 하는, 그런 이야기가 듣고 싶다.

우리 이야기가 아흔여덟의 스카이다이버나 일흔일곱의 자동차 경주 선수, 여든하나의 장거리 수영 선수에 관한 것일 필요는 없다고 생각한다. 예외적인 사례들은 신문 기사에서나 유튜브에서 보는 재미가 있지만 이런 일을 하는 인물이 다른 면에서 매력적이지 않다면 그들을 중심으로 한 소설을 읽는 건 상상하기 어렵다. 그들은 대단한 사람들이지만 이런 이야기들은 우리를 잘못 인도한다. 다른 나이대가 흥미로운 것처럼 노년도 흥미롭다. 많은 노인은 사랑에 빠지고, 다른 사람을 돌보고, 앞으로 나아가고, 성관계를 하고, 음악을 만들고, 물건을 만들고, 최소한의 고통으로 하루를 버텨내거나 팬데믹으로 인해 모든 것과 모든 사람이 손에 닿지 않을 때 오는 지루함을 견디는 등의 평범하면서도 의미 있고, 심오하며 도전적이고 인간적인 문제로 바쁘게 지내고 있다. 즉 열여덟에서 스물넷과 같은 특정 나이대가 젊음이라는 조건을 가지듯, 나이 듦이라는 조건을 가진 인생을 살고 있다.

10년이 넘는 세월 동안 나이 듦에 관한 이야기를 찾으면서 흥미로운 소설 몇 권을 발견했다(책의 끝에 실어두었다). 그 소설들은 내가 스스로의 경험을 알고 이해하는 데 필요한 단서들을 제공했다. 때로는 내가 보고 싶지 않았지만 마주해야 하는 것들을 조명해주었다. 이 과정을 예술적이고 친밀한 방식으로 해내 내가 현재 위치를 진실하게 성찰할 수 있게 해준 작가들에게 고마울 뿐이다.

///////

춥고 회색빛 하늘이 만연했던 10월의 어느 날 나는 다가오는 포틀랜드의 겨울을 두려워하고 있었다. 눈앞엔 철 수세미 같은 하늘이 펼쳐졌고 앞으로 몇 달간은 비가 쏟아질 날들이 기다리고 있었다. 컴퓨터 앞에서 몇 시간을 글을 쓰고 있자니 몸이 아팠다. 그렇게 오래 앉아 있지도 않았는데 엉덩이 고관절이 이렇게 심하게 아픈 게 억울했다. 게다가 오후에 잠깐 일했을 뿐인데 '야간 모드'로 설정해둔 컴퓨터 불빛 때문에 눈이 따갑기도 했다. 창밖으로 강을 바라보는데 몸이 쑤시고 짜증이 났다. 계속되는 비나 앞으로 다가올 신체의 노화에 대해 미처 준비가 안 된 기분이었다.

나는 이 우울함에서 벗어나기 위해 즐거운 프로젝트를 시작하기로 했다. 거실의 책을 꺼내 먼지를 털고 깨끗한 서가에 다시 꽂아두는 프로젝트였다. 막 시작하려는 찰나에 작년 1월 세상을 떠난, 나보다 몇 살 위였던 친구가 오래전에 선물로 준 작은 책 한 권에 손이 닿았다. 『두 늙은 여자Two Old Women』라는 책이었다. 십여 년 전에 선물 받았지만 한 번도 읽지 않았고 심지어 책이 있다는 사실조차 잊고 있었다. 그 친구와 책에 관해 나눈 대화가 그리워진 나는 자리에 앉아 책을 읽기 시작했다. 몇 시간 뒤 이 짧은 책을 다 읽고 나니 친구가 안겨준 선물에 깊은 고마움의 감정이 일었다.

이 책은 소설도 아니고 회고록도 아닌, 아메리카 원주민 작가 벨마 월리스Velma Wallis가 아타바스칸Athabascan 전설을 상상력으로 재구성한 작품이다. 이야기는 굶주림의 위협에 처한 부족의 이야기로 시작되며 주인공인 두 여자는 그 부족에 또 다른 입 두 개만 늘리는 존재가 된다. 안타깝게도 그들은 도움을 주기보다는 불평만 하는 사람들이었다. 그래서 부족은 이동할 때 이 두 여자를 남겨두기로 한다. 겨울이 다가오고 있었기에 그 결정은 두 여자가 꼼짝없이 죽게 될 거라는 의미였다.

두 노파가 느끼는 분노와 부정에는 믿기 힘든 점이 하나도 없고 그들이 시련 속에서 용기, 진실성, 강인함, 어렵게 터득한 생존 기술, 그리고 인격과 마음의 깊이를 발견하는 과정에는 환상적인 요소나 마법 같은 게 전혀 없다. 부족이 돌아와 그들을 발견했을 때 일반적으로 노년에 가능하다고 여긴 모든 가정이 확장된다. 물론 두 노파 자신이 했던 가정도 마찬가지다. 이 이야기를 읽으며 열두 살 때 도서관에서 버니스가 내게 『작은 아씨들』을 건넨 날이 떠올랐다. 그 책은 내가 겪던 변화를 거의 완벽하게 표현해주었고 그에 나는 안도감을 느꼈었다. 이제 노년에 접어든 지금 『두 늙은 여자』는 고통, 의심, 불만 등 나이 듦에 관한 내 지식과 이해를 확인시켜줄 뿐 아니라 내가 어떻게 극복하고 더 강해졌는지 알려주었다. 이 이야기는 내게 붙잡을 무언가를 주었고 내가 겪은 경험 전체, 어려움뿐 아니라 그걸 넘어선 것까지도 기억하게 해주었다. 여기에 다시 한번 견고한 문학적 토대가 있었고 내가 알아차리고 내면에서 계속 성취할 무언가에 대한 비전이 있었다.

이야기는 우리 주변의 공간을 정리하고 머릿속을 맑게 해주며 길을 닦아준다. 계절이 바뀌는 게 아프고 두려웠던 내게 그랬듯 좋은 이야기는 우리가 겨울을 준비하는 데 큰 도움이 된다.

노년의 얼굴들

여름이면 내가 사는 하우스보트의 갑판 위에서 책을 읽거나 식사하는 걸 즐긴다. 하루 종일 강물 색이 바뀌는 모습을 지켜보곤 한다. 아침에는 은색이던 강이 정오가 되면 반짝이는 청록색으로 변하고 하루가 깊어지면서 맑은 녹색과 금색으로 변한다. 그리고 마침내 보랏빛으로 저문다. 나는 맹금류와 지저귀는 새들, 거북이, 수달, 비버 등 뭐든 눈에 들어오는 생명체들을 바라보며 시간을 보낸다. 6월의 어느 날 나는 막 우편으로 받은 책 『노년의 역사 A History of Old Age』를 들고 밖에 나가기로 했다. 이 책은 내가 나에게 선물한 책이었다.

『노년의 역사』는 예술 작품이 예시로 들어간 수필 모음집이다. 나는 더 넓은 시야와 역사적인 관점을 갖고 싶었다. 그해 봄에는 이전 세대 작가들이 쓴 소설을 읽으며 그들의 시대를 살아간 노년 여성의 삶을 들여다보는 중이었다. 도리스 레싱의 『좋은 이웃의 일기The Diary of a Good Neighbor』, 레오노라 캐링턴의 『청력 트럼펫The Hearing Trumpet』, 엘리자베스 테일러의 『클레어몬트의 팰프리 부인Mrs. Palfrey at the Claremont』, 바버라 핌의 『가을 사중주Quartet in Autumn』 등을 읽었다. 소설을 읽으면서 앞선 세대에서 50, 60을 넘게 산 모든 여자도 나처럼 이 엄청난 변화에 직면해 자기 방식으로 어떻게 대처할지 해결책을 찾아야 했다는 걸 깨달았다. 나는 항상 이런 삶에 관해 더 많은 게 알고 싶다. 하지만 나이 든 여자가 이야기의 중심에 있는 현대소설을 찾는 게 쉽지 않다. 과거로 더 거슬러 올라가면 훨씬 어려워진다. 게다가 20세기 이전 문학에 존재하는 인물 묘사 중 상당수는 대부분 남자, 그것도 주로 젊은 남자 작가가 쓴 것이다.

그렇다면 시간 속의 나이 든 여자를 어떻게 찾을 수 있을까? 나는 19세기의 사진을 한참 동안 들여다봤다. 가끔 농장에서 일하는 모습이나 가족들 사이에 서 있는 모습이 카메라에 찍히기도 했지만 대부분은 딱딱한 자세로 앉아 있는 모습을 멀리서 찍은 사진이 많았다. 이런 이미지를 많이 볼수록 이전 세기에서 여자들이 어떻게 묘사되었는지 궁금해졌다. 그 시대의 나이 든 여자는 어떤 일상을 보냈을까? 또, 사람들은 그들을 어떤 시선으로 바라봤을까? 그리고 그들은 스스로를 어떻게 바라봤을까? 사진만으로는 내가 그 시대로 들어갈 수 없었다. 이전 시대의 여자들이 어떻게 살았는지 목격하고 그들의 삶을 상상하기 위해서는 다른 예술로 눈을 돌려야 했다. 이런 내게 비록 범위가 제한적이고 주로 유럽 중심이긴 했지만 고맙게도 『노년의 역사』가 찾아와주었다.

///////

    강가에 앉아 광택이 나는 큼직한 페이지를 넘기며 나보다 훨씬 먼저 노년을 맞이한 사람들의 눈을 들여다보기 시작했다. 작품 중 다수는 사진처럼 포즈를 취한 초상화였지만 삶의 흐름 속에서 움직이는 사람도 많았다. 비록 텍스트를 남기지 않았어도 그들의 관심사와 일, 가족과 사회 내에서의 위치와 의미를 엿볼 수 있었다.

    『노년의 역사』는 그리스와 로마 시대부터 20세기 말까지를 다루고 있다. 미국 작품도 일부 포함되어 있지만 유럽에 초점을 맞추다 보니 다양한 인종의 여자는 빠져 있다.

    페이지를 넘기며 나는 내가 서 있는 위치를, 자연과 빛의 관계 속에서 노년 여성으로서의 현재 삶을 이해하기 시작했다. 마치 내가 보랏빛으로 저물어가는 시점에 서 있는 것 같았다. 나와 주름과 질감이 어느 정도 비슷한 얼굴들을 발견했고 바라볼 수 있었다. 친구들의 얼굴도 그렇게까지 볼 수 없었을뿐더러 엄마가 70대에 접어들었을 때, 그러니까 내가 처음으로 확연한 노년을 느꼈던 그때에도 시도해본 적 없는 방식이었다.

주름과 눈가의 잔주름이 노화의 가장 대표적인 징후로 알려졌지만 나이 든 얼굴에는 훨씬 더 많은 게 담겨 있다. 눈꺼풀이 처지고 눈이 쑥 들어간 것처럼 보이며 모공이 커지고 솟아오른 듯한 옅은 갈색 반점들이 뺨과 턱, 이마 위에 제멋대로 흩어진다. 마치 추상표현주의 미술을 추구하는 잭슨 폴록Jackson Pollock의 작품처럼 무질서하다. 볼에는 작은 진주 같은 낭종이 바늘 끝처럼 솟아오르고 속눈썹과 관자놀이, 눈썹의 털은 빠져나가는 대신 코로 이동해 풍성하게 자란다. 잇몸은 내려앉고 턱에는 수염이 무리 지어 난다. 코는 앞으로 튀어나오듯 길어진다. 지난 몇 세기 동안의 그림에는 거장들이 풀 컬러로 그린 이와 같은 모습이 상당수 등장한다. 당시 그들이 나처럼 느꼈는지는 알 수 없지만 그림의 거의 모든 피사체는 내 눈에 아름답게 보였다. 특히 크리스티안 자이볼트Christian Seybold가 그린 〈녹색 스카프를 두른 노파Old Woman with Green Scarf〉의 자애로운 얼굴과 베른하르트 킬Bernhard Kiel이 그린 〈레이스 짜는 여인The Lacemaker〉의 인품과 우아함이 빛나는 얼굴이 마음에 들었다. 이 두 여자와 이야기하고 싶은 생각이 들 정도로.

그해 여름 내내 새끼 새들이 어떻게 지내나 지켜보러 갈 때마다 책을 펼쳐 만지작거리다 한 시간쯤 빠져들곤 했다. 가끔 페이지 넘기는 손을 멈추고 시대별 노인의 상황을 설명하는 글을 읽느라 읽는 속도가 더뎌지기도 했다. 일반화된 내용이 많았지만 30년 또는 40년, 심지어 50년이라는 긴 시간을 살아온 사람들의 삶의 방식에는 분명 다양성이 존재한다. 이 책의 저자 팻 테인Pat Thane은 첫 장에 다음과 같이 썼다. "'노인'에는 어떤 사회에서든 가장 건강한 사람과 가장 쇠약한 사람, 가장 부유한 사람과 가장 권력 있는 사람, 그리고 가장 가난하고 소외된 사람이 모두 포함된다."

나는 노인이 된다는 게 최근에 와서야 불명예스러운 일이 되었다고 믿어왔다. 과거에는 그들도 존경과 보살핌을 받지 않았을까 생각했다. 그렇게 오랜 세월을 믿어왔는데 그 믿음은 『노년의 역사』에 실린 그림과 수필 몇 개로 산산이 부서졌다. 예를 들어 조르주 드 라 투르Georges de La Tour의 〈완두콩을 먹는 시골 부부Couple Eating Peas〉는 60대 또는 50대로 보이는 남녀가 작은 그릇에 담긴 완두콩을 굶주린 듯 허겁지겁 먹고 있는 초상화이다. 가난한 사람들은 영양실조 때문에 흔히 치아가 없었고 활력과 생기도 없었다. 그리고 실제보다 훨씬 나이 들어 보이는 모습으로 살았다. 라 투르의 그림이나 그와 비슷한 그림을 통해 나는 적어도 유럽 사회는 빈곤에 처해 있거나 빈곤에 가까운 노인의 영양 상태를 돌봐야 한다는 의무감을 거의 느끼지 못했다는 사실을 깨달았다.

　재산을 소유하고 대가족의 살림을 책임지는 몇몇 노인은 존경을 받았지만 그림 속에는 금방이라도 무너질 것 같은 집으로 쫓겨나거나 길거리에서 구걸하는 노인들도 있었다. 사회 안전망이 일부 존재했지만 책에 따르면 병원 같은 대부분의 사회 안전망은 수용할 수 있는 노인의 수가 제한되어 있었다. 따라서 많은 사람이 말 그대로 쓰러질 때까지 일해야 한다는 압박을 받으며 살아야 했다. 새로운 세대가 그들의 노동에 의지하면서도 그들을 소홀히 대하는 상황이 예술 작품에서도 드러났다. 유럽 사회는 종종 노인을 조롱의 대상으로 여기는 풍조가 만연했다. 부라는 단 하나의 조건만이 어느 정도 안정적인 대안을 제시했다. 물론 대다수의 노인은 그런 부를 가지지 못했다.

　예술가들이 노인의 고난, 특히 가난의 가혹함을 주제로 삼은 건 놀라운 일이 아니었다. 예술가들보다 이들의 처지를 공감할 사람은 없기 때문이다. 하지만 『노년의 역사』를 읽기 전까지는 일부 예술가들이 인도주의 정신이 결여된 채 노인들을 조롱하고 심지어 경멸하는 방식으로 그들을 끔찍하고 무서운 사람으로 폄하했다는 걸 알지 못했다. 복잡한 마을 풍경 묘사로 유명한 피터르 브뤼헐Peter Brueghel은 농촌 여자를 조롱과 웃음을 유발할 의도로 묘사한 듯했다. 독일의 화가 뒤러Dürer의 제자였던 한스 발둥 그리엔Hans Baldung Grien도 비슷한 방식으로 가난한 여자를 그렸다. 그는 이 여자의 쪼그라든 한쪽 가슴을 드러내며 그가 비참하고 추한 상태임에도 여전히 매춘으로 돈을 벌려 한다는 암시를 주고 있는 듯하다. 이 작품은 〈늙은 여인의 연구Study of an Old Woman〉로 알려졌지만 흔히 '마녀The Witch' 혹은 '노파The Hag'라는 제목으로 불린다. 15세기에 태어난 이 화가는 마녀라는 이미지를 최초로 만들어낸 사람 중 한 명이다. 그는 뛰어난 예술적 재능을 사용해 당시의 조악하고 잔인한 믿음이 환호할 만한 형태를 구현해냈다. 그는 어떤 나이 든 여자든 추악하고 사악한 존재로 만들어 악의 힘을 암시하는 방식으로 표현했다. 이렇게 과장되어 강력해진 존재는 운명을 조종하고 악행을 저지르며 해를 끼치고 다니거나 심지어는 날아다니는 모습으로까지 묘사되었다. 한스 발둥 그리엔은 초상화나 다른 주제를 다룬 작품도 그렸지만 평생 '마녀'와 마녀의 어두운 영향력을 다룬 주제를 고집했다.

예술가의 명성이 높을수록, 경멸을 더 크게 증폭시킬 수 있었다. 어떤 경우 그것이 의도적이었다는 걸 알게 되면 마음이 무거워졌다. 폐경 이후의 여자는 월경이 끝나면서 신체에 가득 쌓인 독성 물질 때문에 정신이 오염된다고 여겨졌다. 이브가 있던 시절부터 골칫덩어리로 여겨진 여자는 노년에 접어들면 두 배로 문제를 일으킨다고 생각되었다. 특히 가난한 여자들은 건강에 해롭고 소화하기 어려운 음식으로 식단을 채웠기 때문에 최악이었다. 그들의 몸에 문제가 생기는 바람에 그로 인해 더 '오염된', 혹은 문제적 존재로 보일 가능성이 한층 높아졌다.

/ / / / / / /

스페인의 화가 프란시스코 고야Francisco Goya의 판화〈린다 마에스트라Linda Maestra〉, 영어로는 '좋은 선생님A Fine Teacher' 혹은 '예쁜 선생님Pretty Teacher'을 완성하기 위해 실제로 어떤 노인이 모델로 앉았을까? 이 작품은 고야의 연작, 변덕이라는 뜻을 가진〈로스 카프리초스Los Caprichos〉중 하나이다. 1799년에 이 연작의 판화를 팔려고 진행한 초기 광고에는 고야 자신이 쓴 것으로 보이는 설명이 담겨 있다. 광고에는 "예술가가 문명사회에 만연한 여러 사치심과 어리석음을 주제로 삼았다."라고 적혀 있었다. 이 연작에서는 귀족과 성직자도 조롱의 대상으로 삼지만 광고에서는 작품들을 기발한 상상력의 산물이라고 설명하며 특정 인물을 모델로 사용하지 않았다고 말한다. 고야는 자기가 사는 아파트 근처의 향수와 주류 가게에서 이 작품들을 판매했다. 광고에 따르면 이 작품들은 "관습, 무지, 혹은 흥미 위주에 뿌리박힌 저급한 편견과 사기를 탐구"하기 위해 제작되었다고 한다.

나는 이 악몽 같은 장면의 모델로 특정 여자가 쓰이지 않았다는 사실에 안도감을 느꼈다. 이 판화 속에서는 젊은 여자 한 명과 훨씬 더 나이가 많아 보이는 여자 한 명이 빗자루를 타고 밤하늘을 날고 있다. 고야가 활동한 시대에는, 그러니까 한스 발둥 그리엔보다 거의 300년 뒤에 태어난 고야의 시대에도 빗자루를 타고 하늘을 나는 마녀 이미지는 흔한 주제였다. 이 판화에서 빗자루 위에 앉은 두 여자 중 위쪽에 있는 여자, 즉 일종의 '운전사' 여자는 구부정한 자세를 취하고 수척한 모습에 살짝 미소를 짓고 있다. 그 여자를 꼭 붙잡고 있는 다른 여자는 젊고 풍만한 몸매를 지니고 있다. 이 작품 속에는 올빼미도 등장해서 두 여자 위를 맴돌고 있다. 찾아보니 당시 스페인에서 올빼미는 매춘부를 상징하는 일반적인 문양이었다고 한다. 이 올빼미 때문에 많은 사람이 노파를 매춘부로 여겼다. 『노년의 역사』에서는 이에 관한 언급은 없지만 노파가 '위험한' 존재로 묘사된다고 설명한다. 이는 "잘못된 중세 시대의 관념과 그들이 대체로 사회에 정당한 불만을 품고 있다는 자책감에서 비롯된 기이한 믿음"에 일부 기초한 것이다.

'정당한 불만'의 위험을 두려워하는 건 남자들이 우리와 마주칠 때 시선을 돌리는 이유 중 하나일 수도 있다. 평생 소녀와 여자를 나쁘게 대하면 평범한 사람이라도 어떤 노파가 자신에게 심한 일을 저지를 수도 있다는 걸 알고 있기 때문이 아닐까.

언급된 '잘못된 중세 시대의 관념'은 수많은 사람에게 고문과 죽음으로 이어졌다. 고야가 이 작품을 창작했을 무렵 유럽은 수백 년 동안 마녀사냥을 벌이며 반역자로 몰린 이들을 제거한다면서 그들의 신체를 훼손하고 살해했다. 이 광기 때문에 정확히 몇 명이 목숨을 잃었는지 정확히 알 수는 없지만 일부 역사학자들은 유럽 본토에서만 약 12만 명이 죽었고 잉글랜드와 스코틀랜드, 그리고 미국 식민지에서는 더 많은 희생자가 발생했다고 추정했다.

이에 따르면 이른바 마녀로 불린 사람 중 약 80퍼센트는 여자였고 대부분은 나이가 많고 가난했다. 그들이 마녀로 몰린 이유는 몸 안에 쌓인 체액이 독으로 변해 정신이 오염된다는 이유나(증거를 대기는커녕 편파적인 법정에서조차 입증하기 어려웠던) 아픈 부위를 치료하기 위해 약초를 재배하거나 출산의 고통을 덜어주기 위해 산파 역할을 하며 주술을 부렸다는 이유 때문이었다. 이는 출산의 고통을 크게 늘리겠다는 신의 말, 즉 창세기 3장 16절에 나오는 "내가 네게 잉태하는 고통을 크게 더하리니 네가 수고하고 자식을 낳을 것이며"라는 구절을 거스르는 행위로 여겨졌다. 과부, 치매 환자, 재능이 뛰어난 여자, 가족에게 짐으로 여겨진 여자 모두 교수형이나 화형에 처해질지 모르는 위험 속에 살아야 했다.

나는 200년도 더 지난 지금 고야가 그린 빗자루를 탄 마녀를 보며 그가 미신을 폭로하고자 했든, 스스로 더 많은 미신을 만들어내고자 했든 더 이상 그 여자들이 겪은 일이 별거 아닌 척

할 수 없었다. 이미 고야의 작품들이 대단히 뛰어나다는 건 알고 있었다. 그는 마네, 달리, 피카소를 비롯한 많은 예술가에게 영향을 미쳤으며 감상적이거나 형식주의적이지 않은 화풍을 고수했다. 그는 마녀사냥을 부추긴 잔인한 믿음을 풍자했을 가능성이 크다. 하지만 현대의 나이 든 여자로서 나는 빗자루에 탄 노파의 미소와 작품 제목인 '예쁜 선생님' 속에 담겼을지 모를 남성적 비웃음이 불쾌했다.

팻 테인은 이 판화가 위험한 노파에 대한 신화를 강조한다고 주장한다. 젊은 여자는 강요 없이 자발적으로 빗자루에 올라타는데 이런 이미지는 스스로를 선량하다고 여기는 남자들의 마음에 두려움을 불러일으킬 수 있다. 성적 지식과 주술을 가르치거나 심지어 가부장제에 대해 부정적으로 말하는 나이 든 여자가 젊은 여자와 함께 나체로 상징적인 남근男根을 타고 밤하늘을 나는 모습은 위협적으로 다가올지 모른다. 젊은 여자는 그 상황에서 선함을 배우지 못할 것이다. 어쩌면 여자에 대한 정의가 없는 세상에서 정당한 불만이 무엇인지 배우게 될지도 모를 일이다.

'예쁜 선생님'을 보면서 1799년 마드리드의 늦은 오후를 상상해보았다. 한 노파가 데센가뇨 거리를 따라 걷고 있다. 아마 문이 닫힌 상점들을 지나 집을 향해 천천히 걸어가고 있을 것이다. 하루 종일 무거운 천을 바느질하느라 몸을 굽히고 있던 그는 팔과 어깨가 아프지만 이 나이에도 일할 수 있다는 사실에 감사하고 있다. 기분 좋아지는 뭔가를 보고 싶어 향수 가게의 창문을 들여다보던 그의 시선이 멈춘다. 가게 앞 간판에는 이웃에 사는 유명한 예술가의 이름이 적혀 있다. '예쁜 선생님'을 바라보며 그는 자기 눈앞에 있는 게 무엇인지 제대로 보려고 노력한다. 그는 그림 속에서 등이 개구리처럼 굽고 머리카락이 해초처럼 헝클어진, 쭈글쭈글한 엉덩이로 빗자루를 탄 채 밤하늘로 날아오르는 또래의 여자를 본다. 마녀. 매춘 알선업자. 끔찍한 걸 가르치는 선생님. 그 동네에 사는 유명한 예술가가 비이성적인 광기가 얼마나 미쳐 돌아갈 수 있는지 풍자하려는 목적으로 그렸다는 걸 이해했을지라도 이렇게 생각했을지 모른다. '프란시스코, 우리 같은 나이 든 여자들에게 이건 전혀 도움이 안 돼.'

고야가 그린 악몽 같은 노인 이미지들을 더 찾아보니 쇠락한 몸과 음산한 행동들, 심지어 아기를 잡아먹는 모습도 포함되어 있었다. 나는 2015년 런던의 코톨드 갤러리에서 열린 고야의 〈마녀와 노파 Witches and Old Women〉 전시회에서 이런 작품들이 전시되었다는 사실을 알게 되었다. 갤러리의 설명에 따르면 고야는 이 작품들을 자기 지인 몇 명만을 위해 그렸으며 미신과 악몽, 그리고 '노년의 문제'를 담은 작가의 상상력이 잘 드러난다고 했다. 설명의 마지막에는 이렇게 적혀 있다. "무엇보다도 이 그림들은 인간 본성에 대한 고야의 통찰력 있는 관찰, 즉 우리의 두려움과 약점, 그리고 욕망을 보여준다."

잔인함과 악의, 소름 끼치는 성향이 성숙한 인간의 모습과 연결된 이 묘사들을 바라보는 건 쉬운 일이 아니다. 특히 한 노파가 뻔뻔한 눈빛으로 관람객을 똑바로 응시하며 아기를 잡아먹는 장면은 섬뜩하기까지 하다. 나는 갤러리가 말하는 '우리의 두려움과 약점, 욕망' 속의 '우리'가 누구인지 궁금했다. 이 문구에는 현대의 관람객뿐 아니라 고야의 작품이 만들어진 미신적 시대의 사람들도 포함된다는 의미일까? 그렇다면 우리는 이 작품 속에서 스스로 '관통하는 관찰의 대상'이 되어야 하는 걸까?

《뉴욕타임스》의 비평가 홀랜드 코터Holland Cotter는 베첼리오 티치아노Vecellio Tiziano의 작품 리뷰에서 우리가 더는 도덕적 비판을 피해 예술을 감상할 수 없는 시대에 살고 있다고 설명한다. 그는 오래된 예술을 감상하는 새로운 관객층을 끌어내기 위해서는 그 작품들이 형식적으로 뛰어난 최상급 창작물일 뿐 아니라 종종 부정적인 역사적 사실을 담고 있음을 인식해야 한다고 말한다. "우리는 다시 티치아노의 그림을 같은 방식으로 볼 수 있을까?"

고야의 〈마녀와 노파〉 연작이 고야 자신의 악몽을 표현하거나 풍자하는 데 불과했다 해도 노인의 모습이 악몽처럼 묘사되거나 나이 듦이 악마적이거나 광기 어린 모습으로, 또 쇠락하고 파괴적이며 무능력하고 혐오스러운 데다가 가치 없는 존재로 그려지는 건 고야 이전에 수 세기 동안에도 반복되었다. 노화는 끔찍한 상태로 묘사되었고 특히 여자는 가장 잔인하게 표현되곤 했다. 이런 묘사의 초기 사례 중 하나는 캥탱 마시Quentin Matsys의 1513년 작품 〈못생긴 공작부인The Ugly Duchess〉인데, 이 작품은 노파가 조롱과 혐오의 대상이 되는 분위기를 조성했을 가능성도 있다. 이 초상화는 외형을 손상시키는 파제트병에 걸린 여자 모습을 바탕으로 했을지 몰라도 결과적으로는 오랫동안 병의 묘사가 아닌 풍자로 받아들여졌다. 그림 속 여자는 쇠약한 모습을 하고 있다. 여자는 젊은 시절의 유행을 반영한 듯 가슴을 드러내는 드레스를 입고 열정에 대한 욕망의 상징인 빨간 꽃을 들고 있다. 일부 학자들은 마시가 에라스뮈스Erasmus의 유명한 수필 『우신예찬In Praise of Folly』에서 영감을 받았다고 봤다. 이 수필에서 에라스뮈스는 "늙은 여자들이 여전히 교태를 부리며… 주저 없이 쪼그라든 가슴을 역겹게 드러낸다."라고 조롱한다.

하지만 캔버스에 묘사된 노파들의 이미지가 만들어지기 전, 그 이면에 이미 수천 번의 대화 속에서 형성된 문화적, 신화적, 종교적 믿음이 그 바탕이 되었다는 걸 알고 있다. 이런 믿음들은 연령 차별과 여성 혐오가 유럽인의 집단적 의식 속에 뿌리내리게 했고, 그것들은 한 세대에서 그다음 세대로 아무런 의문 없이 전해질 수 있었다. 물론 예술가들 또한 이런 부정석 메시지를 암호화하고 전달하는 역할을 수행했다.

『노년의 역사』에 등장하는 대부분의 그림에서 남자들은 여자보다 대체로 더 부유하고 건강하며 매력적으로 보인다. 대부분의 남자가 더 많은 돈과 사회적 지위를 누렸으니 그럴 만하다. 그러나 또 다른 이유는 예술가들 대부분이 남자 동료들을 제대로 볼 줄 알았기 때문이다. 여자에 대한 편견과 이미 존재하는 왜곡된 예술적 관념 때문에 예술가들은 여자를, 특히 노년의 여자를 편견 없이 바라보기가 어려웠다.

그럼에도 불구하고 이 그림들은 팻 테인이 책 초반에 언급한 노인의 다양한 모습을 볼 기회를 준다. 이들 작품은 여러 신체적 능력, 의복, 하는 일, 아늑한 집과 열악한 거처에 이르기까지 다양한 상황을 보여준다. 나는 몇몇 초상화 속 얼굴과 정이 든 나머지 여름 내내 종종 그들을 다시 찾았다. 피에트로 벨로티Pietro Bellotti가 그린 17세기 여자의 초상화 두 점이 특히 마음에 들었다. 하나는 〈아트로포스Atropos〉였고 하나는 〈노파An Old Woman〉라는 단순한 제목이었다. 여자의 주름진 얼굴과 솔직한 눈빛은 시선을 강하게 끌어당겼다. 머릿속에서 이 여자가 살아온 복잡하고 흥미로운 삶이 쉽게 연상되었다.

또 다른 초상화 속 레이스를 뜨는 여자의 고단한 얼굴도 마음에 들었다. 1655년 니콜라스 마스Nicholas Maes가 그린 이 여자는 어두운 방에서 작업을 하고 있다. 내가 알기로 레이스 제작은 나이 든 여자들이 돈을 벌기 위해 할 수 있는 일 중 하나였고, 이를 통해 빈민가에 가거나 거리에서 구걸하는 시기를 늦출 수 있었다. 이 고단한 얼굴을 1755년 요아힘 마르틴 칼베Joachim Martin Kalbe의 〈노파의 초상Portrait of an Old Lady〉 속 여자와 비교해보았다. 이 부유한 여자는 레이스와 비단으로 둘러싸여 평온하게 앉아 있었고 얼굴에는 고단함이 묻어나지 않았다. 그는 아마 자신이 입은 레이스를 뜬 여자의 존재를 전혀 알지 못했을 것이다. 엄청난 특권을 누렸던 여자는 늙은 눈과 낡은 손가락으로 드레스 한 벌을 위한 많은 장식을 만들 때 어떤 수고로움이 필요한지 알 리가 없었다. 그는 한쪽 손에 고급 가죽 장갑을 꼈지만 다른 손은 맨손이었다. 소녀처럼 창백하고 부드러워 보이는 그 손은 다른 사람을 위해 무언가 들어 올린 적이 없을 것만 같았다. 하지만 나는 그의 크고 열린 눈이 마치 예술가에게 이렇게 말하는 것처럼 느껴졌다. "그래, 날 자세히 관찰하겠다고? 좋아. 하지만 명심해. 나도 널 똑같이 잘 관찰하고 있으니까. 어쩌면 네가 나에 대해 보는 것보다 내가 너에 대해 더 많이 볼 수 있을지도 몰라."

✓✓✓✓✓✓✓

그해 여름 나는 책을 몇 번 더 훑어보았다. 그 어떤 그림에서도 노인을 위한 천국은 없었고 특정 나이에 도달했을 때 그들에게 부여되는 존경과 존엄성 같은 마법의 망토도 없었지만 화가들의 의도가 무엇이든 나는 이 여자와 남자들에게서 계속 아름다움을 발견했다. 이 그림들은 시간의 흐름에 따른 노인의 삶을 엿볼 수 있는 작품들이다. 예술가들이 고맙게 느껴졌다. 그들은 성별로 인한 제약에도 불구하고 보이지 않는 여자, 즉 나이 든 여자를 눈에 보이게 했다. 비록 거의 모든 얼굴이 백인이긴 했지만 이 예들은 내게 다양한 연령과 능력, 직업, 생활 방식, 열정, 추구하는 것, 가치관, 그리고 운명에 관해 생각할 거리를 제공해주었다. 내가 찾으러 다녔던 시간 속의 나이 든 여자는 『노년의 역사』에서 어느 정도 그 윤곽을 드러냈다.

이 책은 외면이 아닌 나이 든 사람 그 자체를 바라봐야 나이 듦의 진정한 의미를 찾을 수 있다는 점을 상기시킨다. 짐작하거나 상상해서 알아내는 게 아니라 직접 보고 경험해야만 나이 듦이 우리에게 무엇을 주고 무엇을 앗아 가는지 알 수 있다. 나이 드는 방식은 그 시간을 살아왔고 또 현재 살아가고 있는 사람들의 수만큼이나 다양하다.

『노년의 역사』의 마지막 페이지에는 또 다른 자화상이 실려 있다. 예술가 앨리스 닐Alice Neel이 80세이던 1980년에 그린 자화상이다. 미국을 대표하는 몇 안 되는 화가 중 한 명인 닐은 긴 생애에 걸쳐 많은 여자를 그렸다. 많은 주제 중 하나가 바로 이상적인 성모자(어린 예수와 함께 있는 성모마리아를 표현한 것으로 그리스도교 미술 주제의 하나 - 옮긴이)상을 뒤집고 자녀를 둔 엄마들과 임산부들의 초상화에서 또 다른 차원을 추구하는 것이었다. 닐은 갈등, 인내, 그리고 여자의 강인함을 담아낸다. 한 미술 평론가는 닐에 관해 이렇게 말했다. "그를 정말 좋아합니다. 인간의 경험을 감상으로 저렴하게 만들지 않기 때문이죠."

감상적으로 묘사되는 측면에서 나이 듦은 엄마라는 주제와 쉽게 경쟁 구도를 이룬다. 나이 든 사람들을 달콤하게 그려낸 이미지는 대중적으로 흔하고 쉽게 발견된다. 그러나 닐은 여든 살의 자화상에서 굳건히 자기 원칙을 고수한다. 언제나 인본주의자였던 그는 자신을 그릴 때 어떤 것도 포장하지 않는다. 자화상에서 그는 파란색과 흰색 줄무늬 의자에 약간 앞으로 기대어 앉아 한 손에는 붓을, 한 손에는 천을 들고 있다. 진정성을 외치고 있는 이 그림은 무척 매혹적으로 느껴진다. 백발에 어깨는 구부정하고 가슴은 처졌으며 배는 불룩 나왔지만 그는 시선을 피하지 않고 정면을 응시한다. 이 그림이 누군가에게 혐오감이나 심지어 두려움을 불러일으킬지는 모르겠다. 그러나 그림을 온전히 이해하기 위해 마음속 장애물을 뛰어넘어야 하는 일은 온전히 보는 이의 몫이다. 닐은 그 일을 돕기 위해 자신을 숨기지 않는다. 그는 있는 그대로의 자신을 드러낸다. 유능하고 정직하며 똑똑한 데다가 두려움이 없고, 나이 들었으며 무엇보다도 온전히 눈에 보이는 모습으로.

어쩌면 앨리스 닐에게는 이 자화상에서 자신의 육체적 자아를 그리고 드러내는 게 쉬웠을 수도 있다. 하지만 나는 그렇지 않았을 거라고 생각한다. 아마도 그의 그림 속 엄마들 역시 자기가 자녀를 키우면서 겪는 모든 복잡한 과정이 그렇게 있는 그대로, 사실적으로 표현된 걸 쉽게 받아들이지 못했을 것이다. 특히 그들 중 일부는 가난하거나 빈곤한 상태에서 자신에게 의지하는 사람들을 돌보기 위해 애써 힘겹게 살아왔기 때문에 더 그랬을 것이다. 예술가의 모델이 된다는 건 위험을 감수하는 일이다. 그러나 닐의 그림 속 인물들은 자신이 아닌 무언가로 표현되도록 속은 적도 없고 조롱의 대상이 된 적도 없었다. 그가 그린 엄마들과 임산부들의 초상화에는 감상도 혐오도 배제되어 있다. 닐의 노년기 자화상을 바라볼 때 나는 그의 열린 마음을 느꼈다. 사실 책의 앞부분에서는 열리지 못한 몇몇 마음을 느꼈었다. 모든 경우에서 주제는 오직 인간이다.

책을 덮고 나서도 같은 질문이 계속 떠올랐다. 어떻게 하면 오늘날의 중장년층인 우리가 나이 듦에 대한 기존의 편견 어린 인식을 새롭게 하고 절실히 필요한 걸 더할 수 있을까? 우리가 할 수 있는 모든 일은 자신을 드러내는 것에서 시작되겠지만 사회가 외면하라고 지시하고 결국 많은 사람이 우릴 외면하는 상황에서 이를 어떻게 할 수 있을까? 만약 우리가 진정한 인간으로서, 온전한 존재로서 대우받기 위해서 보이고 인식되어야 한다면, 그리고 버려지고 잊힐 집단으로 취급되지 않으려면, 나는 더 많은 사람이 '어떻게'라는 질문 속으로 발을 들여놓아야 한다고 생각한다. 그 질문을 고민하면서 이 책을 썼다.

『노년의 역사』는 우리보다 훨씬 앞서 이 땅을 살아간 옛사람들에 대한 경외심을 남겼다. 동시에 더 많은 앨리스 닐이 없다는 사실에 슬픔이 남았다. 나이 드는 게 자연스럽고 바람직한 삶의 결과로 완전히 받아들여질 때까지 우리는 나이 듦에 관한 많은 진실을 쏟아내야 한다. 지금이 바로 우리의 시간이다. 우리는 삶 속에서 드러나는 우리 현실을 이야기할 수 있다. 우리 자신보다 우리의 진실, 감정, 이야기, 그리고 실체적이고 지각할 수 있으며 분명하고 독특하기까지 한 자아를 더 잘 아는 사람이 있을까? 아니, 있을 수 없다.

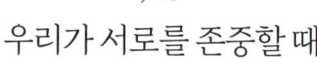

우리가 서로를 존중할 때

70대 여자가 주인공인 내 단편소설이 한 문학잡지에 실린다는 소식을 들었다. 그 잡지에 실린 많은 작품을 좋아했고 아름다운 본문 디자인에 감탄한 기억이 있어 내 소설에 어떤 그림이 곁들여질지 기대가 되었다. 그래서 검토용으로 보내온 파일을 열어 보았을 때 속이 약간 울렁거렸다.

내가 쓴 소설 속에서 은퇴한 변호사인 주인공 여자는 오랜 세월 무채색 정장만 입고 법정과 사무실을 오가며 일하다가 이제야 갈망하던 자기 스타일대로 옷을 입게 된 상황이었다. 그는 동부 해안의 몇몇 나이 든 여자처럼 극단적인 '고급 스타일'을 추구하지 않고 차분하지만 여전히 화려한 스타일을 추구했다. 나는 옷 묘사에 공을 들였다. 주인공이 입은 옷이 주인공이 어떤 여자인지 말해주고, 또 주인공이 옷차림으로 구분되는 차이를 중요하게 여긴다고 설정했기 때문이다.

이 잡지가 전문 삽화가가 아닌 화가들의 작품을 사용한다는 걸 알았기 때문에 캐릭터의 구체적인 표현까지 묘사해달라고 요구할 생각은 없었다. 하지만 팔다리를 꼬고 한껏 몸을 비틀고 있는 우스꽝스러운 여자 그림을 보게 될 줄은 꿈에도 몰랐다. 삽화 속 따분한 옷차림은 그저 평범한 노인 여자와 크게 다르지 않았다.

나는 편집자에게 이 삽화에 대해 다시 생각해달라고 하며 이유를 설명했고, 다행히도 편집자는 삽화를 다른 것으로 교체했다. 그 일은 그렇게 지나갔지만 얼마 지나지 않아 《뉴요커》를 펼쳐보니 로어 시걸Lore Segal의 단편소설에도 비슷한 문제가 있었다. 이 소설 『여인들의 점심 식사Ladies' Lunch』는 여든을 넘긴 여자 로테가 인생에서 맞닥뜨리는 고통스러운 시기를 다룬 이야기다. 나이가 들어 건강과 행동에 변화가 생겼다는 이유로 로테의 아들들은 그를 엠파이어스테이트 빌딩이 보이는 안락한 아파트에서 벗어나 친한 친구들과도 멀리 떨어져야 하는 도시 외곽으로 이사시키고 싶어 한다. 로테의 친구들은 일주일에 한 번씩 함께 점심을 먹고 서로의 삶을 공유하고 의지했다. 하지만 친구들은 로테를 돕고 싶어도 그럴 수 없는 상황이었다.

이 이야기는 더 이상 스스로를 돌볼 수 없는 사람이 집과 친구를 뒤로하고 떠나야 하는 문제를 진솔하게 다루고 있다. 이런 주제는 노인을 다룬 이야기에서 흔히 찾아볼 수 있다. 하지만 시걸의 이야기에서 특히 인상 깊었던 건 친구들이 로테를 도와줄 수 없는 상황을 사실적으로 묘사했다는 점이다. 노년기에 친구보다 가족의 입김과 힘이 더 세다는 현실이 적나라하게 묘사되어 있었다. 이때는 가족보다 친구와 더 친한지가 중요하지 않다. 결국 가족 구성원이 자신에게 가장 좋은 결정을 내리는 경우가 많기 때문이다.

그러나《뉴요커》의 삽화에는 뉴욕 거리로 향하는 택시 안에서 얼굴을 돌려 창밖을 바라보는, 구불구불한 회색 파마머리 여자가 묘사되어 있었다. 여자는 1950년대 노스다코타의 가장 추운 겨울에 우리 할머니가 입던 것 같은 두꺼운 갈색 스웨터를 입고 있었고 얼굴은 TV 프로그램〈골든 걸스The Golden Girls〉에 나오는 최고령 인물을 연상케 했다. 나는 이 삽화만 보고 몇십 년 전에 관한 이야기인 줄 알았지만『여인들의 점심 식사』는 1980년대 초반 우리 시대의 현대 여자를 다룬 이야기였다.

왜 우리는 노년에 접어든 여자의 외모가 세대마다 변하는 걸 알면서도 여전히 시대에 뒤떨어진 자기 모습을 수동적으로 받아들이는 걸까? 노년의 범위에 관해서도 어떤 연구자들은 60대에 시작하는 노년은 '젊은 노년'으로, 백 살이 넘는 나이는 '고령 노년'으로 말하기도 한다. 긴 세월 동안의 노화 단계에서 겪는 변화는 사람마다 다르다. 우리는 이 사실을 안다. 우리가 바로 그 사람들이기 때문이다.

조금 더 알아보니 내 이야기와 시걸의 이야기에 실린 삽화를 그린 예술가들이 모두 중년 남자라는 사실을 알게 되었다. 시걸의 사진을 찾아보았는데, 이야기가 발표된 당시 여든아홉이었던 사진 속 그는 삽화 속 여자보다 적어도 10년은 젊어 보였다. 사진 속 여든아홉 시걸은 1920년대 후반에 태어난 90대에 가까운 여자처럼 보이는 반면 삽화 속 여든두 살 로테는 마치 1880년대 초반에 태어난 사람 같았다.

물론 삽화가 저자를 닮을 필요는 없지만 사실 예술가가 80대 현대 여자들을 조금만 살펴봐도 될 일이었다. 수명이 길어진 덕분에 이런 여자들은 주위에서 쉽게 찾아볼 수 있으니까 크게 어렵지 않은 문제였다.

어렸을 때 나는 우리 할머니와 몇몇 친구의 할머니를 제외하고는 노인을 한 세대의 스타일을 지닌 세대로 생각해본 적이 없었다. 예술에서 노인이 어떻게 묘사되는지 생각해본 적도 없었다. 이 중년 남자 예술가들의 인식도 내가 그 나이 때 가졌던 인식과 크게 다르지 않았다. 나는 시걸과 내 소설 속 삽화에 관해 몇몇 친구와 이야기를 나눈 뒤 잊기로 했다. 세상은 변할 테니까. 또 그래야만 한다고 생각했다.

애써 흘려보내려고 했던 내 노력은 제법 효과가 있는가 싶었지만 그 생각도 어느 날 유튜브에 올라온 〈권력을 가진 여자 Women in Power〉라는 강의를 보다 산산조각이 나고 말았다. 강연자인 교수 메리 비어드Mary Beard가 어떻게 묘사에 대해 더 면밀히 살펴볼 수 있는지 알려주고 있었다. 나는 그의 강의를 듣고 현재 노년 여자가 어떻게 묘사되고 있고 왜 그렇게 묘사되는지 다시 생각해보게 되었다.

비어드 교수는 눈을 감고 대통령이나 정치 지도자의 이미지를 떠올리면 대부분 남자의 모습이 떠오를 가능성이 크다는 점을 지적한다. 교수를 떠올릴 때도 남자를 떠올릴 가능성이 크다고 말한다.

'교수'라는 단어에 대한 상상력이 어느 정도 전형적인지 알아보기 위해 그는 구글에서 '만화'와 '교수'를 함께 검색하기로 했다. 그는 빠르게 연상되는 이미지들을 보고자 만화 이미지를 선택했는데 이는 우리가 실제로 보는 현실의 사진이나 이미지가 아닌, 순간적으로 머릿속에 떠오르는 교수의 이미지를 확인하기 위해서였다. 어떤 이미지를 보는 순간 교수라는 직업을 떠올릴 수 있을까?

결과는 다음과 같았다. 검색으로 나타난 100개의 이미지 중 단 하나만이 여자였으며 그 여자조차도 바지를 입고 있었다. 비어드 교수는 이어 여자 정치인들이 자주 입는 바지 정장에 대해 언급하고 정치에 진출하는 여자들이 의식적이든 무의식적이

든 남자 중심의 리더십을 반영해 목소리를 낮추는 경향이 있다고 설명했다. 계속해서 그는 여자의 권력에 관한 이야기를 이어 나갔다.

나는 잠시 영상을 멈추고 구글 검색창에 '노인 여자'와 '만화'를 입력했다.

설마 노인 여자가 머리를 올린 이미지를 대량으로 접하게 될 줄은 몰랐다. 운동하는 노인 여자의 이미지도 몇 개 있긴 했다. 하지만 몸을 움직여도 올림머리는 피할 수 없었다. 요가 스튜디오에서도 달리는 모습에서도, 여기저기 올림머리가 가득했다. 나는 화면을 빠르게 훑어보았다. 올림머리, 또 올림머리, 계속해서 올림머리가 나타났다. 처음 나타난 100개의 이미지 중 49명의 만화 속 노인 여자가 올림머리를 하고 있었다. 현실에서는 60대 이상 여자 중 절반이 올림머리를 하지 않는다는 건 금방 알 수 있는 사실이다. 올림머리가 긴 머리를 간편하게 정리할 때 유용하긴 하다. 나도 가끔 반은 올림머리, 반은 포니테일로 묶을 때가 있으니까. 그렇지만 그건 보통 서둘러 머릴 묶어야 하는 상황에만 해당한다. 만화 속 대부분의 올림머리 스타일은 여자가 원하더라도 머리를 자를 수 없던, 아주 나이가 들어 그 '순결한' 머리카락을 해마다 감는 데 지친 여자들이 머리를 자르고 싶어도 자를 수 없던 과거의 흔적이다. 구글 이미지는 빅토리아 시대가 지배하고 있었고 이 스타일이 '노인 여자'의 템플릿으로

서 150년이 지난 지금까지도 여전히 사용되고 있었다.

처음 100개의 이미지 중 서른세 명의 만화 속 노인 여자는 지팡이를 들고 있었다. 나도 환갑을 몇 주 앞두고 심하게 넘어져 지팡이를 써야 했던 적이 있었다. 몇 달 동안 지팡이에 의존하며 지팡이의 존재 자체에 감사했지만, 내 나이대에서 지팡이를 사용하는 사람은 거의 본 적이 없었다. 나처럼 나이 든 이웃이나 직장 동료 중에서도 나 말고 지팡이를 사용하는 사람은 아무도 없었다. 사람들을 만나거나 쇼핑하러 번화가에 나가도 내 나이 또래의 지팡이 사용자는 눈 씻고 봐도 없었다. (직접 지팡이에 의존하다 보면 알 수 있다.) 그러나 구글에서 확인했을 때 만화 속 이미지에는 무려 열 명 중 세 명의 노인이 지팡이에 의존하고 있었다.

대부분의 만화 속 노인 여자는 백인이었고 정적인 모습이었다. 또 많은 사람이 비만이거나 구부정했으며 몸이 기형이었다. 올림머리가 아닌 경우에는 구식인 곱슬 파마가 그 자리를 대신했다. 1915년에 태어난 엄마 세대 이후로 50대 이상 여자에게 딱 붙고 곱슬곱슬한 파마는 인기를 끌지 못했다. 종종 이미지 속 여자는 이전 세기 옷을, 운이 좋으면 20세기 옷을 입고 있었다. 100장의 이미지 중 현대적으로 보이는 이미지는 단 네 장에 불과했다.

메리 비어드 교수는 "힘을 가진 여자가 어떻게 생겼을지에 관한 템플릿은 존재하지 않으며 아마 남자와 비슷하게 생겼을 가능성이 크다."라고 말했다. 중년 남자 예술가들이 과거 시대의 나이 든 여자들을 묘사한 삽화로 잡지를 채운다는 생각만으로도 이미 불쾌했지만, 누군가 눈을 감고 '노인 여자'를 떠올렸을 때 내 노트북 화면을 가득 메운 만화 이미지 중 하나가 머릿속에 떠오른다고 생각하니 좌절감을 느끼지 않을 수 없었다. 지팡이, 보행기, 구부정한 몸이 배제되어야 한다는 건 아니다. 올림머리나 때때로 구식 파마가 등장하는 것도 괜찮다. 하지만 '나이 든 여자'에 대한 기본 이미지가 이런 고정관념으로만 구성되는 건 모든 교수가 남자라고 가정하는 것만큼이나 말도 안 되는 이야기다.

나이 든 여자는 어떻게 생겼을까? 물론 거울을 보면 나 자신이 제일 먼저 보이지만 객관적인 눈으로 보려고 노력하면 세월이 흐른 여자가 보인다. 나는 1960년대에 성장한 사람이지 내 증조할머니가 젊었던 1880년대의 사람이 아니다. 그 만화 속 여자들이 젊었을 1880년대와는 아주 다른 시기를 살았기에 헤어스타일과 의상, 신발과 안경 등에서 큰 차이가 있다. 또 요즘은 다들 선크림을 발라서 피부에 주름이 덜 생기는 것도 두 시대가 차이 나는 한 요인일 것이다.

내 또래 친구들을 보면 물론 사랑스러운 얼굴들이 보이지만 동시에 나이 든 얼굴들도 보인다. 페이스북 친구 목록을 쭉 보면 나이 들어가는 수많은 얼굴이 각각 독특하고 현대적인 모습으로 지나간다. 우리 동네에도 마찬가지로 나이 든 얼굴과 몸이 여기저기서 눈에 띈다. 하지만 내가 어디에서도 가장 잘 보기 어려운 모습이 바로 올림머리, 지팡이, 곱슬곱슬한 파마, 지난 세대에 유행하던 옷 등 삽화가들이 빠르게 메시지를 전달하기 위해 자주 사용하는 이미지의 여자다.

특정 연령대 사람을 시대에 뒤떨어지고 촌스럽고 이상하게 묘사하는 이런 만화적인 고정관념은 해당 연령대 사람에게 좋지 않은 영향을 끼친다. 주변에서 눈으로 직접 보는 현실 대신 우리는 계속해서 현실에서 벗어난 만화적인 이미지나 왜곡된 고정관념에 의존하도록 길러지고 있다. 머릿속에 웃기고 비현실적이며 왜곡된 이미지만 떠오르는 한 우리는 모든 '베이비붐 세대'를 비난하는 글이나 팬데믹 중에 노인들을 탓하는 것에 별 감정을 느끼지 않아도 된다. 코로나바이러스가 요양원을 휩쓸고 지나갔을 때 많은 사람이 이런 이미지들을 떠올리며 그들의 죽음을 쉽게 간과하지 않았을까? 저 이상하게 생긴 곱슬머리 사람들에게 이제 잘 가라고 인사하면 그만이라고 생각하지 않았을까? 그중에 개인적으로 알고 사랑하는 사람이 있기라도 하지 않는 한 누가 신경이나 쓸까?

ノノノノノノノ

대학을 졸업하고 거의 12년간 나는 유치원에서 아이들을 가르쳤다. 이 경험 덕분에 그림책에 대한 애정이 더욱 깊어졌던 것 같다. 메리 비어드의 강의를 듣고 구글 이미지 검색을 한 뒤 나는 아직 소장하고 있던 그림책들을 꺼내 며칠 동안 책 속 삽화들을 들여다보았다.

몇 권의 동요 책과 민담, 동화책 속에 노파들이 등장했고 이 중 많은 인물이 가난하게 묘사되어 있었다. 나는 어린 시절부터 노년과 가난을 연결 짓는 법을 배웠다는 점을 떠올렸다. 그리고 특히 여자들에게 가난이 여전히 노년의 현실인 경우가 많다는 사실도 함께 생각났다. 최근 법적 수단을 통해 노인 빈곤과 싸우는 조직 '노화 속의 정의Justice in Aging'가 쓴 보고서를 살펴본 적이 있다. 보고서에 따르면 2020년 기준으로 65세 이상 미국인의 45퍼센트가 기본적인 생활비를 충당하는 데 어려움을 겪고 있었다.

나는 민담과 동화는 제쳐두고 현대의 어린이 이야기에 집중하기 위해 온라인에서 할머니가 등장하는 이야기를 검색했다. 첫 번째로 의상이 눈에 띄었다. 만화에서처럼 이들 캐릭터 중 상당수가 유행에서 벗어나거나 아주 이상한 옷을 입고 있었다. 어떤 캐릭터는 머리는 크고 몸은 작게, 반대로 다른 캐릭터는 몸은 크고 머리는 작게 그려져 있다. 많은 삽화가 어린아이들이 노인을 우스꽝스럽고 비현실적으로 느끼게 만들고 있었다.

한 책에서는 할머니와 친한 어린아이가 할머니가 모르는 남자와 데이트를 시작하자 할머니를 잃을까 봐 두려워하는 장면이 나왔다. 어린이 이야기로는 그럴듯한 설정이었다. 그러나 이상한 점이 있었다. 할머니의 옷차림이 편안한 옷에서 밝고 꽉 끼는 옷으로 바뀌고 머리 또한 일종의 올림머리로 바뀌었다.

할머니는 코스튬 파티에 참석하는 게 아니라 데이트하러 나가는 것이다. 그런데 왜 우스꽝스러운 취향을 가진 것처럼 보이게 하는 걸까? 한편 소년은 이야기 내내 정상적이고 평범한 아이처럼 보이며 옷 또한 그렇게 입고 다닌다. 주제는 감동적이지만 이미지에 숨겨진 메시지는 분명하다. 불쌍하고 바보 같은 할머니.

『할머니가 파리를 삼켜버렸대요 I Know an Old Lady Who Swallowed a Fly』라는 또 다른 책에서는 할머니가 거의 이상한 사람 수준으로 묘사된다. 유치원 아이들은 할머니가 파리를 삼킨 뒤 거미, 새, 고양이, 염소 등 아무도 삼킬 수 없는 것들을 계속 삼키는 우스꽝스러운 이야기와 "이제 죽겠지."라는 후렴을 듣고 크게 웃었다. 죽음에 대한 생각 자체가 어린아이들에게는 재미있기 때문일 것이다. 대부분의 아이는 죽음이 무얼 의미하는지 모르며 어쨌든 그건 그들과 아무 관련이 없다.

내가 가진 책 속의 노파는 납작한 얼굴에 초라한 모습이었지만 책의 후속판에서는 더 흉측하게 묘사된 경우도 많다. 삽화가들이 캐릭터를 누가 제일 혐오스럽게 그릴지 경쟁이라도 벌이는 것 같았다. 마치 할머니가 하는 일이 아니라 할머니 자체가 웃긴 것처럼 말이다. 흉측하고 털이 많은 파리를 삼키는 사람이니 파리처럼 흉측하고 털이 많아야 할까?

이 이야기가 인기를 얻으면서 흉측한 할머니들이 온갖 것을 삼키는 새로운 책들이 등장한 걸 보고 놀랐다. 할머니들은 나뭇잎, 박쥐, 장미, 달까지 삼키고 있었다. 삽화가들은 이 여자들에게 괴상한 옷을 입힐 뿐 아니라 본질적으로 비정상처럼 보이게 했는데, 적어도 달을 삼키던 한 여자는 비정상이 아니다. 나도 여러 번 밤하늘을 올려다보며 특히 명절에 뜨는 보름달을 삼키고 싶던 적이 많았기 때문이다. 물론 할 수만 있다면, 이라는 가정이 붙는다.

지난 30년간 가장 잘 알려졌고 사랑받은 어떤 동화책에서는 소년의 집 옆 요양원에 사는 모든 노인이 외계 생명체처럼 보인다. 아까처럼 이야기 속에서 소년은 그냥 소년으로 보이는 반면 모든 노인은 이상하게 묘사된다.

이야기 속의 모든 노인은 특이하게 보인다. 다만 모두 같은 방식으로 특이한데 그들은 아이와 같은 인간 범주에 속하지 않는, 분명히 '다른 존재'처럼 느껴진다. 어린이 독자를 대신하는 소년은 신체적으로 왜곡되고 기이한 얼굴을 한, 이상하고 엉성한 옷을 입은 존재들 사이를 거닌다.

친절한 소년은 한 노인이 소중한 기억을 되찾도록 돕는다. 이야기 자체는 그림보다 더 따뜻한 마음을 담고 있다. 과연 우리는 이게 어린이들이 정말로 노인을 바라보고 싶은 방식이라 생각하는 걸까? 그게 중요한 건 아니다. 우리는 이 책을 읽는 아이들에게 노인을 이렇게 보라고 말하고 있는 셈이다. 기억상실을 겪는 여자는 동정을 받지만 나머지 사람들은 다른 행성에 속해 있는 것처럼 보인다.

이 책이 담고 있는 기억상실에 대한 연민과 공감의 메시지는 가치가 있지만 이 책을 구매하는 젊은 부모들이 노인을 묘사하는 방식에 대해 어떻게 생각할지 궁금하다. 어쩌면 그들 역시 비슷한 이미지를 보며 자라왔을지도 모르겠다. 미국의 독서 리뷰 사이트 굿리즈Goodreads에서는 책 리뷰를 쓰는 사람들의 얼굴을 보여준다. 이 책의 경우는 주로 20대에서 40대 사이로 보이는 사람들이 리뷰를 남겼다. 그들 중 일부는 부모로서, 일부는 교사로서, 아니면 두 역할을 모두 하는 사람으로서 책에 관해 이야기했으며 왜 이 책을 읽었는지 아예 언급하지 않은 사람들도 있다.

예술에 대해 언급하지 않는 리뷰도 있지만 종종 칭찬하는 리뷰도 있다. 그 리뷰에는 "아름답다"라는 단어가 자주 등장한다. 한 여자는 "늘어진 양말, 다채로운 드레스, 헐렁한 바지"를 보여준다는 사실을 높이 평가한다. 그는 이런 요소들이 오래된 것과 같다고 생각하는 것 같다. 또 다른 여자는 이미지가 "만화 같고 흥미로운 방식으로 정확하다."라고 설명한다. 그게 가능한 말일까? 이어서 그는 이야기 속 노인들이 "과체중이고, 주름이 있고, 안경을 쓰고, 양로원에 있는 사람들이 흔히 입는 옷을 입고 있다."라고 말하기도 한다. 굿리즈에서 찾은 리뷰 중 단 한 개의 리뷰만이(모든 리뷰를 읽지는 않고 무작위로 몇몇 페이지만 읽었다) 삽화를 "촌스럽고 다소 섬뜩하다."라고 표현했다. 그 외에는 "멋지고 유쾌한 그림", "어린이에게 친근하고 사랑스럽다." 등의 평가가 대부분이었다.

나는 이 말을 하고 싶다. 이야기의 메시지는 가치가 있지만 이 책을 구입하는 조부모들이 손주들에게 어떻게 인식되고 싶은지, 자기 또래들이 어떻게 인식되길 바라는지, 더 나아가 손주들이 성장하면서 자신을 어떻게 보게 되길 바라는지 스스로에게 물어보는지 궁금하다. 최소한 몇몇은 손주들에게 이야기 속 노인들이 왜 소년만큼 인간적으로 보이지 않는지 물어보길 바란다. 그 질문에서 가치 있는 대화가 나올 수 있을 것이다.

나이 든 여자가 헐렁하거나 광대 같은 옷을 입지 않은 책을 발견하면 운이 좋다고 느낀다. 신디 리런트Cynthia Rylant가 쓰고 캐서린 브라운Kathryn Brown이 삽화를 그린 『이름 짓기 좋아하는

『할머니The Old Woman Who Named Things』라는 책에서는 한 노년 여자의 옷차림이 우스꽝스럽지도 않고 흥미로운 메시지를 전달하고 있었다. 주인공은 말아 올린 바지와 조끼를 입고 카우보이 부츠를 신고 있다. 처음에는 이 옷차림이 조금 특이해 보이지만 페이지를 넘기니 오래된 사진 속에서 말을 탄 아이, 어린 시절의 주인공이 같은 옷차림을 한 장면이 나온다. 그가 어린 시절의 모습을 그대로 간직하고 있는 걸 보면 만족스럽다. 물론 맥락 없이 보면 옷이 이상해 보일 수도 있다. 하지만 대부분의 아이는 책 속의 삽화를 자세히 들여다본다.

많은 할머니의 삽화를 살펴본 뒤 책과 노트북을 치우면서 이게 바로 핵심이라고 생각했다. 아이들은 정말 자세히 본다.

내가 한 조사는 방대한 범위를 다룬 것도 아니었고 단지 비공식적인 탐구를 한 게 맞다. 하지만 그럼에도 나는 이 상황이 안타까웠고 아이들에게 노인을 이상하게 묘사한 그림책을 읽어준 게 후회될 정도였다. 내가 아이들을 가르치던 1970년대와 1980년대에 인종차별과 성차별에 대한 교사들의 인식은 높아졌지만 불행히도 연령 차별에 대해서는 그렇지 못했다.

∕∕∕∕∕∕∕∕

나는 아이들을 위한 이야기에서 노인들이 어떻게 등장하는

지 궁금해졌고 더 자세히 알고 싶어 관련 학술 논문을 찾았다. 1981년으로 거슬러 올라가면 독서 전문가는 교사에게 책 속에서 노년과 그 묘사에 대해 살펴볼 것을 권장한다. 레바 오이미트Reba Ouimet는 '그림 형제 동화 속 여자 악역의 묘사'라는 제목의 논문을 쓰기도 했다. 저널에 실린 한 논문은 여전히 중요한 노년 캐릭터가 자주 등장하지 않는다고 지적한다.

가장 흥미로웠던 건 노년과 관련된 고정관념, 다문화주의, 세대 간 교류를 염두에 두고 어린이책을 리뷰하는 'A is for Aging'이라는 활발한 웹사이트를 찾아낸 거였다. 건강 교육자이자 어린이책 작가인 린지 맥디빗Lindsey McDivitt이 만든 사이트다. 이 사이트를 만들어줘서 감사하다는 내용을 전하자 그는 몇 년 전 어린이책을 쓰기로 결심하고 자료를 읽기 시작했을 때 느낀 충격적인 경험을 이야기해주었다. "많은 책을 읽었는데 그 속에 나온 노년의 이미지에 꽤 충격을 받았어요. 작가, 편집자, 출판사들이 하나같이 노화에 대한 편견을 가지고 사람들의 감정을 자극하려 한 게 분명했죠. 나이 드는 모습을 사실적으로 보여주려 하지 않았어요."

또한 그는 출판업계에서도 변화가 일어났지만 여전히 충분하지 않다고 말했다. "아이들을 위한 책에서는 인종, 민족, 종교, 성별 등 다양한 면에서 포용을 강조하는 큰 움직임이 있었어요. 하지만 아동문학계는 여전히 노화 또한 다양성을 지닌다는 걸 충분히 인식하지 못한 것 같아요."

교육자, 사서, 부모, 조부모는 그의 웹사이트에서 노화에 대한 긍정적이고 다양한 이미지를 담은 책을 찾을 수 있다. 특히 할머니와 손자가 등장하는 책이 많다. 나는 그가 추천하는 책을 자녀나 손자가 있는 친구들에게 선물해주기 위해 자주 주문한다. 어린아이들을 위한 새로운 템플릿 또한 제공되고 있다. 우리는 그것들을 찾기만 하면 된다. 아이들이 이런 책에서 얻는 무언가는 그들의 삶을 형성하는 데 큰 영향을 미친다. 그들은 단순히 연민과 이해심을 지닌 어른으로 자라는 것뿐 아니라 자신이 노인이 되었을 때 타인의 인류애를 감사하게 받아들일 수 있을 것이다.

부적절한 삽화와 함께 출판될 뻔했던 내 소설 〈노인과 소년 The Old Woman and the Boy〉은 나이로 인해 큰 거리감을 느끼지만 결국 서로 소통하기로 한 두 사람이 기차역에서 만나는 장면을 다룬 이야기이다. 나는 이 지구 어딘가에 있는 다른 사람들도 이 작은 희망의 불씨를 피우기 위해 숨을 불어넣고 있다고 생각하고 싶다. 우리가 서로를 온전히 존중하고 대할 때 훨씬 더 의미 있는 소통을 할 수 있다는 희망의 불씨 말이다.

3

오래 살아야 보이는 것들

슬픔을 마주하는 힘

브루스가 열아홉에 스스로 세상을 떠나고 몇 년 뒤 우리 가족은 미네소타에서 사우스다코타로 이사했다. 하지만 부모님은 여전히 매일 아침 《미니애폴리스 스타 트리뷴》을 읽었고, 아빠는 다 읽은 커다란 신문을 내게 건네주곤 했다. 부고란을 볼 때면 대부분 건성으로 넘겼지만 10대의 교통사고나 추락 사고, 주유소 강도 사건, 특히 자살 같은 비극적인 사망 사건은 예외였다.

　브루스는 나보다 일곱 살 위였다. 똑똑했던 그는 재치도 있고 친구도 많았다. 저녁 식사 자리에서 평론가처럼 영화 이야기를 할 때면 자못 냉소적인 평가가 웃음을 자아냈다. 내가 재미있게 본 영화라도 그의 평가는 가차 없었다. 고등학교 3학년 때 브루스는 곱슬거리던 검은 머리에 과산화수소로 주황색 줄무늬를

넣었다. 1955년 당시 작은 마을이던 미네소타 파이프스톤에서 유일한 펑크족이 되던 순간이었다. 그는 내가 문학에 관한 열정을 나누던 유일한 가족이기도 했다. 나처럼 브루스도 사서였던 이모 무릎에 앉아 그림책 페이지를 넘기며 어린 시절을 보냈다. 그때부터 그는 늘 책을 읽었고 종종 내게 책을 추천했다.

나는 비극적인 죽음을 맞이한 아이들의 부고를 하나하나 읽어 내려갔다. 사진 속 어린 얼굴들을 살펴보며 생전 그들의 삶이 어땠을지, 만약 죽지 않고 살았다면 어떤 모습으로 자랐을지 상상했다. 그 아이의 남은 가족은 앞으로 어떻게 살아갈까? 브루스가 죽은 뒤 우리 가족이 그랬던 것처럼 무너진 마음과 방황하는 정신을 간신히 붙들고 살까? 아니면 그 사건 뒤 아직 10대였던 마이클이 집을 떠나 해군에 입대한 것처럼 더 깊은 상실감을 겪을까? 그것도 아니면, 어쩌면 더 지혜로운 형제자매와 부모여서 내가 상상조차 하기 힘든 존경스러운 방식으로 상처를 회복했을까? 가끔 그 가족들과 대화해보고 싶었다. 뭔가 배울 수 있는 게 없을까 궁금했다.

슬픔은 충격과 그리움, 후회, 분노, 외로움, 혼란, 죄책감 등 여러 감정을 포괄하는 유용한 단어지만 당시, 특히 중서부 지역에서 슬픔을 주목하는 일은 없었다. 1960년대 초반 신문의 건강이나 생활 섹션에서는 죽음 뒤의 무엇을 예상하고 어떻게 대처할지에 관해 이해하기 쉽게 설명한 내용은 찾아볼 수 없었다.

그런 점에서 진정한 건강이나 생활 섹션은 존재하지 않았다. 수백만 명이 아무런 이정표 없이 자랐고, 이는 부모님을 비롯한 이전 세대 모두가 마찬가지였다.

부모님은 슬픔이란 단어를 절대 쓰지 않았고 브루스에 관해서라면 거의 입을 열지 않았다. 심각한 정신장애를 앓던, 나보다 일곱 살 어린 여동생 말라가 브루스의 부재를 가장 자주 언급했다. "오빠는 어딨어?"라고 갑자기 물을 때면 종교가 없는 우리 가족은 어떻게 대답해야 할지 고민스러웠다. 우리가 어떤 대답을 해도 브루스를 찾는 말라의 질문은 끊이지 않았다. 누구도 의문을 해결해주지 못하니 말라가 불만족스러워하는 게 당연했다. 나는 이미 슬퍼하고 있는 부모님에게 더 큰 상처를 주는 게 두려워 애써 슬픔을 감췄지만 말라는 자기 슬픔을 자유롭게 표현했다. 브루스는 떠났다. 무엇으로도 설명할 수 없었다. 하지만 납득할 만한 답을 얻지 못할 거라며 포기하기 전까지 말라의 물음은 멈추지 않을 듯했다.

이른 아침 식탁에서 신문을 볼 때 쉰, 예순, 아니면 그보다 더 많은 나이에 병이란 평범한 방식으로 사망한 사람들에게는 별 관심이 가지 않았다. 나는 시큰둥하게 그들의 사진을 바라봤다. 그 사람들은 나이가 많고 어차피 남은 시간이 많지 않았다. 신문을 내려놓기 전 그들의 가족을 떠올리면 조금 슬프기도 했지만 한편으로는 꽤 무덤덤했다. 이러니저러니 해도 그때의

난 곧 학교에 가야 하는 어린아이였다. 결국 그 나이 든 사람들도 자신의 죽음을 예상하지 않았을까 생각했다. 그런 죽음은 비극이 아니라 자연스러운 일이었다. 그 당시 내가 아는 죽음은 브루스의 죽음뿐이었고 그게 내겐 유일한 현실 같은 죽음이었다. 끔찍했다.

나는 내가 관심을 두지 않던 부고 속 사람들의 죽음 때문에 누군가가 크게 고통받을 거라곤 생각하지 못했다. 나이가 들면서 비로소 엄마와 아빠, 형제자매, 사촌, 고모와 이모, 삼촌, 친구, 이웃, 의사, 낯익은 가게 점원과 버스 기사, 오랫동안 일하던 집배원에 이르기까지 나이 든 모든 사람의 죽음으로 인한 슬픔이 얼마나 다양한 모습으로 나타나는지 알게 되었다. 불교 승려이거나 완전히 둔감하지 않은 이상 누군가가 세상을 떠나는 순간에 어떤 이유로든 짧고 길게 찾아오는 슬픔과 끈질기게 되살아나는 슬픔의 마법에 휘말리지 않을 수 없다.

부모님의 네 자녀 중 이제 살아 있는 건 나뿐이다. 마음씨 곱고 뼛속까지 정직했던 장난꾸러기 여동생 말라는 부모님을 평생 로저와 앨리스라는 이름으로 부르며 늘 친구처럼 대하던 유일한 자식이었다. 그런 말라는 시설에서 스물일곱의 나이로 세상을 떠났다. 기타와 말장난을 좋아하고 십자말풀이를 잘하던 사랑하는 형제 마이클은 예순셋에 암으로 말라의 뒤를 따라갔다. 부모님도 두 분 다 돌아가셨다.

죽음이 현실이고 항상 우리 곁에 있다는 사실은 이제 더 이상 새삼스럽지 않다. 하지만 알던 누군가가 죽을 때마다 놀랍게도 죽음은 매번 새롭게 현실처럼 느껴진다. 샐리 티스데일Sallie Tisdale은 『인생의 마지막 순간에서Advice for Future Corpses』에서 이렇게 말했다. "우리는 부분적으로 죽음을 부정하며 눈을 가린 채 살아간다. 하지만 지금 이 순간이 아니고 바로 이곳이 아닐 뿐, 우리는 죽는다. 이 불협화음은 강렬하고도 이상하다. 이 일이 일어날 걸 절대적으로 알면서 이를 뒷받침하는 증거가 있는데도 절대적으로 모른다." 이 불협화음은 우리 자신에게만 적용되는 게 아니라 우리가 알고 사랑하는 사람들, 또 알고 사랑했던 사람들까지 모두 아우른다.

얼마 전 오랫동안 친구로 지내던 사람이 당뇨 합병증으로 세상을 떠났다. 그는 1970년대 당시 기성 사회에 반발해 몸치장과 생활 등에 무관심하던 히피 엄마였다. 타이다이 염색 옷을 입었고 크고 둥글어진 몸을 내버려두었으며 아이들에게 채식 위주의 식사를 하고 종교와 정치에 관해 스스로 판단하게 했다. 또 도움이 필요한 10대를 위해 비영리 단체를 만들기도 했다. 우리는 가는 길이 서로 달랐지만 친구라는 공통분모를 유지했다. 그의 죽음을 알게 되자 자연스럽게 친하게 지내던 시절로 마음이 거슬러 올라갔다. 그런 내 머릿속에 처음으로 떠오른 반응은 이랬다. '이제 겨우 일흔넷밖에 안 됐는데.'

어떻게 70대에 죽는 게 너무 이르다고 생각했을까? 인간의 수명에 관한 이해, 그리고 열세 살 때부터 갑자기 죽음이 찾아올 수 있다는 걸 인지한 사실을 포함해 내가 겪은 인생의 모든 경험이 없었다면 가능했을지 모른다. 그런데도 나는 그 생각을 했다.

실제로 오래 알고 지낸 사람과 호스피스 병실에서 임종 과정을 함께하지 않는 한 죽음은 우릴 한동안 흔들어놓는 힘을 가진 듯하다. 우리는 크게 슬퍼한다. 운이 좋다면 누군가의 죽음이 찾아올 때마다 친구와 가족의 이해와 사랑이 우릴 돕는다. 나이가 들어 죽음의 소식을 너무 자주 듣는 노인들에게 늘 용감한 모습을 기대하는 건 잔인하다. 우리가 몇 년을 살았든 슬픔은 대화의 주제가 되어야 한다. "친구분이 돌아가셨군요. 여동생이 하늘나라로 갔군요. 한 명 남았던 삼촌마저 세상을 떠나셨군요. 친구에 관해 이야기해주세요. 여동생은 어떤 사람이었나요? 삼촌과 함께한 기억 중에 어떤 게 생각나시나요?"

젊은 시절의 나는 이제 막 세상을 떠난 노인을 알던 또 다른 노인들에게 이런 식으로 신경을 써주는 게 이상하다고 생각했을지 모른다. 물론 공감 능력과 섬세함을 타고나지 않은 보통의 젊은이들은 사람이 나이 들고 성숙해지면 자신이 사랑한 이들의 죽음뿐 아니라 자기 삶도 어느 순간 죽음에 임박할 거라는 것, 즉 자신도 60년, 70년, 80년, 90년 넘게 산 지구라는 집을 떠난다는 사실 또한 예상하고 받아들일 수 있다고 여기겠지. 젊었을 때는 이런 수용의 자세가 나이 들어 저절로 갖춰지는 게 아니라 연습을 통해 길러진다는 걸 이해하지 못했다.

이제 우리는 떠날 준비가 되어 있어야 하고 사랑하는 친구나 소중한 사람들이 떠나는 것도 묵묵히 받아들여야 한다는 주변의 기대 어린 시선을 받는다. 하지만 실은 우리 같은 나이대 사람들에게 죽음은 고통을 덜어줄 때만 환영받는다. 그 외의 경우라면 우리 역시 다른 사람들과 마찬가지로 죽음이 한 발짝 물러서주길 바란다. 아니, 어쩌면 한 발짝이 아니라 저만치 멀리 물러서주길 바랄지도 모른다.

이 나이대에 애도하고 슬퍼하는 사건은 죽음 말고도 존재한다. 우리가 아는 슬픔의 종류는 다양하다. 치매, 알츠하이머병, 혹은 심각한 청력 손실 때문에 친구나 친척들과의 우정과 대화가 사라지는 것, 50년 이상 이어온 우정이 오해 때문에 끝나는 것(물론 어느 나이에서나 일어날 수 있는 일이지만 특히 긴 시간 동안 관계를 쌓은 뒤에는 더 고통스럽다), 약물중독이나 알코올중독, 또는 정치적 의견 차이 때문에 사랑하는 젊은 친척들과 멀어지는 것, 은퇴할 때까지 계속 다닐 줄 알았던 직장에서 해고 통보를 받는 것, 자연재해나 파산으로 수십 년 산 집을 잃거나 수리할 수 없는 것, 건강 문제로 운전면허를 잃는 것, 몸이 병들어 조금씩 또는 한꺼번에 기능을 상실하는 것 등이 모두 우리의 슬픔이다. 현명한 젊은 사람이라면 많은 노인이 단순히 슬픔 때문에

만 쓰러지는 게 아니란 걸 알 수 있다. 때론 정말 그렇다. 비록 의학 보고서는 다른 원인을 언급하겠지만.

／／／／／／

우리는 우리가 있는 자리에서 세상을 바라본다. 요즘 나는 신문(아니면 온라인 뉴스 사이트)을 펼쳐 나이에 상관없이 누군가의 사망 소식을 접할 때면 그 사람을 사랑한 사람들을 떠올린다. 그리고 남겨진 이들이 느낄 감정을 어렴풋이 짐작해본다. 이 나이에 접어들며 겪는 많은 경이로운 일 중 하나는 뉴스에서 슬프고 때론 충격적인 사건을 접할 때 일어난다. 마음이 마치 나도기름새bluestem, 소금풀salt grass, 쇠뜨기bottlebrush, 큰조아재비timothy, 갯보리wild rye 등과 같은 대초원의 온갖 풀 위를 지나가는 바람처럼 개인적인 일이든 친구 관계를 통해 알게 된 일이든 그 모든 일을 훑고 지나간다. 이번엔 어떤 거지? 그러면 익숙한 슬픔이 초록빛 싹을 틔우며 생생하게 떠오른다. 아, 그래. 또 이거구나.

노년기의 진정한 장점 중 하나는 바로 슬픔의 힘을 안다는 거다. 심하게 흐느끼고 나서 이제 마음을 다잡았다고 생각한 순간 이웃의 무심한 말 한마디와 뉴스 캐스터의 멘트 하나, 길 가다 스쳐 가는 향수의 향, 눈에 들어오는 특정 꽃, 특정 장소에 대한 언급 등 그 무엇이 갑자기 우릴 뒤흔들고 또다시 눈물과 그리움에 빠져들게 한다. 그래서 슬픔이 얼마나 강력한 힘을 가졌는지 알고 또 슬픔이 강력할 거라 예상하는 법을 배운다.

또 다른 중요한 장점은 슬픔이 우리 정신에 구체적으로 어떻게 작용하는지 알게 된다는 거다. 예를 들어 나는 가까운 사람의 죽음을 겪으면 마음이 브루스를 시작으로 이미 세상을 떠난 사랑하는 가족과 친구들, 그리고 그들의 부재를 떠올리는 끈을 강하게 잡아당길 거라는 걸 안다. 이게 내게 일어나고 내가 받아들이는 일이다. 또 평소보다 음악을 훨씬 많이 듣고 볼륨도 크게 튼다. 뭐든 상관없다. 기분이 나아지는 데 도움이 된다면 아무래도 괜찮다. 그런가 하면 읽던 소설은 잠시 접어두고 에밀리 디킨슨Emily Dickinson과 다른 시인들의 작품을 읽기 시작한다. 한동안 잠을 이루지 못하겠지만 다시 쉬이 잠들기 시작하면 무의식 속에서라도 만나고 싶어 떠난 사람의 꿈을 꾸라고 나 자신에게 지시한다.

이번 여름이 되면 내 친한 친구인 음악가 레슬리가 세상을 떠난 지 8년이 된다. 그의 예술가 남편 빌은 슬픔으로 완전히 정신이 나간 듯한 상태에서 매일 작업실로 가 그림을 그리고 블로그에 작품을 올리기로 했다. 또 누군가 자신을 부른다면 뭐가 됐든 다 응하기로 했다. 이게 바로 빌이 해야 할 일이었다. 그는 꾸준히 작품 활동을 했고 다른 화가들과 교류를 늘렸으며 자신을 사랑해주는 사람과 관계를 유지하며 함께 시간을 보냈다.

레슬리와 오래 함께한 집을 나와 밖으로 향하고 초대에 응한다고 해서 슬픔이 끝나는 건 아니다. 그는 지금도 레슬리의 부재를 깊게 느낀다. 하지만 밖으로 내디딘 발걸음은 그를 다시 삶과 연결해주었다. 그는 아무리 고통스러워도 삶을 떠나고 싶지는 않았던 것이다. 난 슬플 때 모든 초대에 응하지 않겠지만 그래도 그에게 많은 걸 배웠다. 내 경우, 슬플 때 밖으로 나가 사람을 만나고 싶지 않아 하는 편이다. 그런데도 때로는 그게 중요하다는 걸 안다. 그런 일들은 항상 새로운 생각거리를 주기 때문이다. 나는 죽은 친구나 친척에 관한 생각을 멈추고 싶지 않다. 그럴 생각은 전혀 없다. 하지만 새로운 생각과 새로운 사건, 그리고 삶에 여전히 마음을 열고 싶다.

난 결국 친구나 친척, 이웃, 그러니까 내가 잃어버린 그 누군가를 다시 내게 데려오는 책들을 찾게 될 것이다. 브루스가 이 특별한 대처 방법을 알려주었다. 그는 몇 년 전 나를 위해 작은 단서를 남겨두었다.

아빠와 신문을 들고 식탁에 앉았을 때 나는 이미 브루스가 마지막으로 추천했던 책,『폭풍의 언덕 Wuthering Heights』을 다 읽은 뒤였다. 아빠가 내게 이 책을 꼭 읽어야 한다고 말했기 때문에 뭔가 중요한 내용이 담겨 있다는 걸 알았지만 뭘 찾아내야 할지 몰랐다. 처음엔 아빠도 경험한 좌절된 로맨스의 감정을 상상해 보라는 뜻인 줄 알았다. 하지만 몇 년간 여러 번 다시 읽다 보니 아빠가 그토록 깊이 느끼고 내가 보길 원했던 건 단순한 사랑 이야기가 아니었다. 에밀리 브론테Emily Brontë가 묘사한 건 다루기 힘든 강력한 감정과 그 감정에 압도당하고 무너져 고뇌하는 영혼이었다. 이 소설을 읽을 때마다 전에는 절대 알 수 없었던 내 형제의 한 부분이 눈에 들어와 그 페이지들 속에서 그와 함께 시간을 보낸다.

나도 내 슬픔에 관해 알고 있다. 나는 친구들에게 이야기할 것이다. 계속 이야기하고 또 이야기할 것이다. 다행히 그 과정에서 고난과 상실을 경험한 친구들, 내 경험을 훨씬 초월하는 고통을 겪은 몇몇 친구, 또 처음 대화할 때부터 공감 능력을 타고났다고 느낀 친구들을 만나왔다. 자라면서 나는 통찰력 있고 지혜로운 데다가 예리하기까지 한 사람들과 관계를 쌓았고 그들에게 질문하며 조언을 구했다. 몇 번은 상담 치료사를 찾아가 도움을 받고 비용을 지불하기도 했다. 충분히 그만한 가치가 있었다.

성인이 되어 모든 사람이 고통을 겪고, 많은 사람이 실제로 그 고통을 어떻게 견뎌냈는지 이야기한다는 걸 깨닫고 나서 나는 사방에서 지혜를 찾기 시작했다. 특히 죽음과 죽어간다는 어려운 주제를 다룬 소설과 논픽션을 읽었다. 그리고 공감과 사랑, 창의성을 통해 앞으로 나아가려고 노력했다. 나는 이 모든 걸 활용했고 지금도 슬픔이 찾아오면 여전히 활용한다. 이 주제에 관해 전문가가 된 건 아니지만 스스로 날 다독일 방법을 찾고, 특히 말라가 그런 것처럼 힘든 일에 관해 이야기하고 실제로 주변에 사랑과 이해를 구할 수 있다는 걸 믿게 되었다.

사우스다코타의 아침 식탁에 앉아 신문을 뒤지며 자기가 겪은 것 같은 경험담을 찾는 소녀, 앞으로 어떻게 살아야 할지 답을 찾던 어린 소녀와 이야기할 수 있다면 얼마나 좋을까. 그 아이를 위로하며 말해주고 싶다. 머지않아 대초원을 떠나 다른 곳으로 떠나겠지만, 거기서도 결국 행복의 정점이 눈에 보이듯네 상실도 풍경의 일부가 될 거라고. 상실은 초원에 자라난 풀처럼 다양한 나이에 온갖 형태로 찾아오겠지만, 우린 나이 들수록 그 모든 걸 마주할 힘을 한층 더 내면에 품게 된다고.

이젠 아무것도 당연하지 않다

1월의 어느 아침, 그러니까 얼마 전 일이었다. 내 하우스보트 근처 강 위에서 떠다니는 60대 여자 시신이 발견되었다. 목격한 건 포틀랜드에 내린 이례적인 폭설 때문에 한쪽으로 위험하게 기울기 시작한 하우스보트를 바로 잡으려 몇 시간 동안 작업 중이던 남자 둘이었다. 예인선을 타고 나선 둘은 하우스보트가 파도에 손상되지 않게 방파제 역할을 하는 통나무 장벽을 지나가다 시신을 봤다고 했다.

외출을 마치고 돌아와 주차장에 경찰차가 있는 걸 보기 전까지는 시신이 발견되었다는 걸 전혀 몰랐다. 그날 아침 나는 하우스보트를 벗어날 수 있던 걸 마냥 감사해하고 있었다. 최근 불어닥친 눈보라 탓에 며칠 동안 밖에 나가지 못해 필요한 물건도

사지 못하고 기분 전환도 못했기 때문이다. 그날이 되어서야 비로소 선착장에서 고속도로로 이어지는 언덕을 지나갈 수 있었다. 차에서 장 본 물건들을 내리고 있는데 한 이웃이 다가와 무슨 일이 있었는지 알려주었다. 숨진 여자는 옷을 입고 있었고 "정상적으로 보였다."라고 이웃은 말했다. 그가 최근에 사망했고 타살의 흔적이 없다는 뜻이었다.

그러다 최근 읽은 멀티노마 카운티의 강 순찰대에 관한 기사가 머릿속에 떠올랐다. 그들은 매년 30구에서 50구에 달하는 시신이 물에서 발견된다고 보고했다. 보트 사고나 음주 및 약물로 인해, 그리고 컬럼비아강과 윌라메트강이 얼마나 무서운지 몰랐던 탓에 많은 사람이 사고로 목숨을 잃었다. 그리고 수십 개의 다리가 있는 환경이니만큼 많은 사람이 투신으로 생을 마감한다. 당시 계절과 유독 끔찍했던 날씨를 감안했을 때 나는 이 여자의 죽음이 보트 사고로 인한 건 아닐 거라고 생각했다.

///////

자살에 관한 생각을 유독 1월에 평소보다 더 깊이 하는 편이다. 물론 자살은 늘 가까이 있는 주제지만, 1월에 생각하는 건 내 자살이 아니라 60여 년 전 새해 첫날 밤에 있었던 브루스의 자살에 관해서다. 1월생이기도 한 브루스는 열아홉 살 때 가족이 명절을 맞아 친척을 방문하러 집을 비운 동안 집 지하실에서 총으로 스스로 목숨을 끊었다. 그는 연휴 동안 일을 했고 대학에 다니다 본가에 온 친구들을 만나기 위해 집에 남아 있었다. 나중에 알게 된 사실이지만 새 여자 친구에게 청혼하려고 남았던 이유도 있었다. 브루스가 죽던 날 밤, 여자 친구는 그의 청혼을 거절했다.

브루스의 우울증은 깊었다. 그의 죽음 뒤에 알게 된 건, 그의 친구들은 이를 더 잘 알고 있었지만 우리 가족은 그렇지 못했다는 거였다. 열세 살이던 나는 그저 브루스가 알 수 없는 이유로 시무룩해하고 신경질적으로 변했다고 생각했을 뿐이었다. 정신 질환은 내가 사는 작은 마을에서는 아무도 이야기하지 않는 주제였다. 감당할 수 없을 것 같대도 그저 정신 차리고 털고 일어나면 그만이라고들 여겼다. 하지만 브루스는 진짜 병을 앓고 있었고 병은 여러 일로 인해 더 악화되었다. 가을 초 아이오와에 있는 대학으로 떠난, 고등학교 시절 연인이자 사랑했던 첫 여자 친구와의 이별. 나머지 가족이 모두 할머니를 보러 명절 동안 노스다코타로 떠난 것. 간절히 대학에 다니고 싶었지만 돈이 없어 트럭 운전 일을 하고 있었다는 사실. 혹독한 미네소타의 겨울. 고작 상점, 교회, 집으로 둘러싸인 곳을 '광장'이라 부르고 거길 한 바퀴 도는 데 15분도 안 걸릴 만큼 작은 마을에서 느끼는 미래에 대한 좌절감 등이 그 원인이었다. 나는 종종 그 추운 밤, 새해가 시작되었지만 기대할 앞날도, 아무것도 없는 상황에서 그 마을에 남은 브루스의 모습을 떠올린다. 곁에 아무도 없어 더 고통스럽고 불안했겠지. 지하실에 보관된 총을 집어 들고 싶은 충동을 어떻게 할 수 없고, 다시 계단을 올라가거나 커피를 마시는 등 다른 선택지를 생각할 힘조차 없던 브루스의 모습을 생각한다. 그는 총을 보관하던 자리에서 얼마 떨어지지 않은 곳에서 사망했다.

그래서 1월은 내게 브루스뿐 아니라 그달에 태어나거나 세상을 떠난 다른 가족들까지도 떠올리게 한다. 나는 평소에도 브루스 생각을 자주 하지만 1월이 되면 그가 더 온전히, 더 매일매일 내 마음속에서 살아가도록 초대한다. 그렇게 함으로써 그가 이 세상에 없다는 사실과 내가 그를 그리워한다는 사실을 또다시 받아들인다.

그 여자가 발견되었을 때 나는 이렇듯 연례행사처럼 치르던 정신 상태에 있었다. 그 여자의 경우도 그랬을 가능성이 커 보였지만, 어쨌든 누군가 자살로 사망했다는 소식을 들을 때마다 오래된 고통과 비통함이 마음을 지탱하는 기둥 위에서 흔들려 일어나는 작은 정신적 지진을 느낀다. 그로 인해 떨어진 감정의 먼지가 내 생각을 뒤덮으며 떠다닌다. 누군가가 사랑하는 사람을 토네이도나 비행기 사고로 잃었다면 뉴스에서 비슷한 재난을 접할 때 그 상실감을 떠올리는 것과 비슷하다. 슬픔의 실타래가 우릴 새로운 사건과 연결하며 우리는 그 경험에 비슷한 일을 겪지 않은 다른 사람보다 조금 더 오래 머무른다. 예를 들어 그날 경찰이 사건을 수습하고 떠난 뒤 내 이웃은 아무도 그 여자에 관해 언급하지 않았다. 혹시 화제에 오르더라도 금방 다른 주제로 넘어갔다. 만약 내가 진짜 그 사건에 관해 하고 싶은 만큼 충분히 이야기했다면 이웃들은 내가 지나치게 우울해한다고 느꼈을 수 있다. 하지만 나는 그럴 기분이 들지 않았다. 단지 나 자신이 다른 이는 갖지 못한, 그 경험과 어떤 연관성을 지녔다고 느꼈을 뿐이다.

그 여자가 60대 후반, 그러니까 나보다 몇 살밖에 어리지 않았다는 걸 알았다. 나는 우리가 이전까지 건강하게 살아온 행운을 누렸다면 대부분 60대에 처음으로 당혹스럽게 몸이 약해지는 것을 느낀다는 걸 떠올렸다. 만약 정말 스스로 생을 마감했다면 그를 강가로 향하게 만든 원인이 무엇이었을지 상상해보려 했다. 나이가 들수록 삶이 기울어질 가능성이 높아진다. 고립, 질병, 만성 통증, 예기치 못했거나 점점 심화되는 빈곤, 친구들의 죽음, 새로운 약의 부작용, 기존에 복용하던 약물의 문제, 배우자나 사랑하는 반려동물, 또 오래 의지해온 이웃이나 집을 잃는 일 등등…. 어쩌면 이 여자의 삶에도 이런 일 중 하나 이상이 닥쳐온 걸까. 미국 국립 정신건강연구소에 따르면 중장년층 이상의 자살률이 매우 높고 현재 미국에서 열두 번째로 흔한 사망 원인이 바로 자살이라고 한다.

아니면 겨울의 혹독함이 노인에게 더 큰 부담을 준 걸까 싶었다. 포틀랜드에는 보통 1년에 평균 나흘 정도 눈이 내리는데 그해 겨울은 12월 초부터 1월 중순까지 무려 다섯 차례에 걸쳐 겨울 폭풍이 몰아쳤다. 그 긴 시간 동안 폭설이 내리고 또 내리면서 보통 물웅덩이가 가득해 축축하고 물 튀김이 잦은 환경을 조용히 덮어버렸다. 또 생기를 띤 나무 수천 그루의 초록빛은 하얀 눈에 가려 사라졌다. 눈을 감싼 얼어붙은 비가 내리자 높은 전나무에서 부러진 가지들이 전깃줄 위로 쿵 하고 떨어졌고 이로 인해 난방과 전기가 끊기기도 했다. 도시의 도로에는 소금이나 자갈이 뿌려져 있지 않았다. 도랑으로 미끄러지는 일은 점점 있을 수 있는 현실이 되어갔다.

잿빛 하늘에서 매일같이 비가 떨어져 연둣빛 강으로 흘러들어갔다. 산에서 녹은 눈이 더해져 높아진 강 수위에 홍수가 날지 모르는 상황에서는 평범한 겨울조차 하우스보트 거주자에게는 힘겨울 수 있다. 나는 이미 1996년과 1997년에 강물이 너무 높아져 하마터면 하우스보트가 고정된 선착장이 지탱하는 말뚝 위로 거의 떠오르다시피 했던 겨울을 두 차례 겪었다. 만약 선착장이 말뚝 위로 떠올랐다면 우리가 사는 모든 하우스보트가 빠른 물살에 휩쓸려 떠내려갔을지도 모른다.

여자의 시신이 발견된 그 겨울엔 며칠이고 쉴 새 없이 눈이 내렸다. 이 아름다운 동화 같은 풍경이 점차 답답한 감옥처럼 느껴지면서 불안이 커졌다. 폭풍은 하우스보트에 큰 충격을 가한다. 하우스보트란 결국 물 위에 떠 있는 집이기 때문이다. 그리고 비록 떠날 수 있는 상황이라도 내 집의 운명을 자연에 맡기고 배에서 내리는 게 현명하지 않을 때도 있다. 우리는 강제로 실내에 갇혔다. 우리가 타던 차들은 숲 가장자리의 넓은 주차장에 겁에 질린 토끼처럼 멈춰 서 있었다.

나는 책을 읽고 수프를 끓이고 음악을 들으며 전기가 끊길 때까지 계속 일했다. 전기 난방밖에 없어서 옆집에 가 며칠 밤을 보내기도 했다. 이웃들과 함께 장작 난로 옆 랜턴 불빛 아래에서 카드놀이를 하며 몸을 녹이고는 집에 돌아와 담요 더미 속에서 고양이와 함께 잠을 청했다.

수시로 뒷문 밖 강둑에서 뛰놀며 소리 지르던 수달 가족조차도 언덕을 타고 숲으로 올라갔다가 물고기 사냥이 필요할 때만 다시 아래로 내려왔다. 사냥하면서 우리 집이 위험하게 기우는 모습을 목격했을지도 모르겠다. 아니면 창문을 통해 이웃 줄리아가 강과 거의 맞닿은 집 방향 쪽 가구를 옮겨 균형 맞추는 걸 돕는 모습이나 이웃 존과 모건이 밧줄과 체인을 가져와 하우스보트가 가라앉지 않게 선착장에 더 단단히 묶는 모습을 지켜봤을지도 모른다.

나는 계속해서 갑판에 새로 쌓이는 눈을 쓸어냈다. 다른 이

옷들과 갈퀴로 집의 무게를 가중시키는 눈을 조금이라도 없애려 애썼다. 몇몇은 이웃 하우스보트의 지붕 위로 올라가 바로 옆 지붕에 쌓인 눈을 강물로 밀어내기까지 했다.

이 모든 노력이 끝난 뒤 수달들이 창문을 통해 안을 들여다 봤다면 어둑해져가는 해 질 녘 속에 스웨터와 재킷을 껴입고 팔짱을 낀 채 불안하게 집 안을 서성대는 날 발견했을 것이다. 불빛도 없고 난방도 되지 않았다. 가구 위엔 다른 가구가 쌓여 있었다.

기상 예보관은 잿빛 하늘 아래 더 많은 눈이 숨어 있다고 경고했지만 날씨를 어떻게 이겨내야 할지 말해주지 않았다. 우울감이나 다른 사람과 단절된 느낌, 마음을 불안하게 하는 물의 상황이나 하우스보트가 가라앉을 가능성에 어떻게 대처할지에 관해서는 아무 언급이 없었다.

나중에 폭풍이 끝나고 그 여자의 시신이 발견된 뒤 나는 그가 일상에서 떠난 그날에도 눈이 내렸는지 궁금했다. 꾸준히 내리는 눈이 그를 따라다니며 그가 걸어갈 때 주위 모든 걸 조용히 감췄을지 생각했다. 나는 콘래드 에이컨Conrad Aiken의 단편소설 「조용한 눈, 비밀스러운 눈Silent Snow, Secret Snow」을 떠올렸다. 그 소설 속 소년은 눈으로 가득한 꿈의 세계에 빠져 제정신을 잃었다.

///////

겨울밤이 되면 중서부 다른 집들과 마찬가지로 우리 집 어른들은 '진짜 추위'에 관한 이야기를 들려주곤 했다. 그들은 농부들이 폭설 속에서도 외양간에 가 소젖을 짜야 했고 다시 농가로 돌아오는 길에 하얀 눈보라 속에서 종종 방향 감각을 잃었다고 했다. 결국 포기하고 잠들면 그건 곧 끝을 의미했다. 잠을 이기지 못한 농부들은 눈보라가 잦아들면 농장 마당에서 몸을 웅크린 채 발견되었다고도 했다. 자동차나 휴대폰이 없던 시절에는 거세게 몰아치는 바람과 몇 주 동안 쉼 없이 내리는 눈 때문에 멀쩡한 사람도 '대초원 열병'에 걸리기 일쑤였다고 어른들은 말했다. 많은 사람이 이 병에 걸린 건 동부나 작은 마을에서 살던 이들이 바람을 막아줄 나무도 없고 가까이에 이웃도 없는 땅에서 생계를 꾸리려 했기 때문이었다. 그들이 겪은 건 우리가 지금 말하는 '밀실 공포증'처럼 가벼운 지루함이 아닌, 고통스러울 정도의 외로움과 불안함에 빠져 스스로 '벗어날 수 없는' 상태였다. 어떤 사람은 그 상태에서 농가 문을 열고 밖으로 걸어나가 겨울이라는 적에게 점점 더 다가갔고 결국 완전히 자취를 감추기도 했다.

중서부 출신 친척들은 포틀랜드의 날씨, 심지어 최근의 혹독함조차도 성가시지만 비교적 온화하다고 여겼을지 모르겠다.

하지만 예상 밖의 상황이 너무 길게 지속되니 오랫동안 여기서 살아온 우리 중 몇몇에게는 비현실적인 느낌이 들었다. 집에만 갇혀 정상적인 일상에서 단절된 상황을 잘 견딘 사람도 있었을지 모르지만 많은 사람이 불안하고 초조해했다.

강에서 떠 있는 채로 발견된 그 여자는 이 낯선 겨울을 어떻게 견뎌내고 있었을까? 다는 아니더라도 생각의 일부는 추위에 영향을 받지 않았을까? 우리 뇌도 추위를 느낀다. 추워지면 뇌가 둔해지고 멍해지며 어둡고 좁은 길로 잘못 들어서기도 한다. 눈은 아름다움을 잃고 위협적인 존재가 된다. 그는 수년 전 광기에 이를 만큼 갇혀 있던 농부들처럼 현관문을 나서 겨울이라는 적의 품으로 단호하게, 아니면 무너진 마음으로 걸어갔을까? 얼마나 오래 얼어붙은 강물 위를 떠다닌 걸까? 그를 그리워하는 사람은 없었을까? 나는 누군가 그를 그리워했길 바랐다. 빈자리가 보여도 아무도 그의 부재를 슬퍼하지는 않는, 그런 여자라고 생각하고 싶지 않았다. 시간이 지나면서 그 여자 생각은 이제 그만하기로 했다. 이미 충분히 슬펐고 남은 겨울에도 집이 가라앉지 않게 하는 데 온 신경을 기울여야 했기 때문이다.

폭풍이 지나간 2월의 어느 날, 하우스보트가 위험하게 기우는 걸 막기 위해 밑에 부유물을 추가로 설치하러 온 잠수부의 아내와 이야기를 나눴다. 비용 정산은 어느새 뒷전으로 하고 계속해서 수다를 떠느라 정신이 없었다. 대화는 곧 잠수부와 동료의 예인선이 내 하우스보트를 떠난 뒤 발견한 여자에 관한 이야기로 이어졌다. 그날 바로 70대 동료가 일을 그만두었다고 했다. 강이 또 어떤 걸 그의 앞에 들이밀지 더는 알고 싶지 않았기 때문이었다.

나는 공감했다. 그들이 발견한 것, 궂은 날씨, 그리고 평소 느끼던 1월의 우울함에 더해 내가 산책로의 작은 구간에 쌓인 눈조차 삽으로 치우는 게 점점 더 어려워지고 있다는 걸 알고 나서 강 위에서의 삶은 더 이상 예전 같지 않아 보였다. 한동안 다른 곳으로 이사 가는 걸 진지하게 고민할 정도였다.

그러다 봄이 찾아왔다. 겨울은 끔찍했지만 창밖으로 보이는 맹금류, 10월부터 5월까지 하우스보트 밖 말뚝에 앉아 있는 조용한 검은 가마우지 떼의 날갯짓, 통나무를 뒤덮은 물봉선화 속에서 울어대는 붉은어깨검정새, 그리고 강둑에서 태어난 새끼 수달들의 모습은 여기서 사는 게 얼마나 큰 특권인지 새삼스레 일깨워주었다. 난 이곳을 떠날 수 없었다. 적어도 아직은.

겨울을 밀어내며 찾아온 봄에 마침내 마음이 가벼워진 나는 다시 익사한 그 여자를 떠올렸다. 햇살이 비치는 안전한 집에서 찌르레기들이 뛰어다니며 모이를 기쁘게 쪼아 먹고 새끼 수달들이 강가 풀숲에서 떠드는 모습을 보며, 나는 그가 어떤 사람이었는지 더 자세히 알아볼 수 있을 것 같은 생각이 들었다. 이번엔 절망에 빠지지 않을 자신이 있었다.

나는 인터넷에서 그 여자를 추모하는 페이지를 발견했고 그가 건강 문제로 어려움을 겪었다는 걸 알게 되었다. 여러 친구가 남긴 댓글을 읽었다. 그리고 그가 지구를 사랑했고 자신이 속한 모든 그룹에 진심으로 참가했으며 많은 사람이 그를 그리워할 거라는 걸 알았다. 아무도 자살에 관해 언급하지 않았지만 그렇다고 다른 사망 원인을 언급하지도 않았다.

그의 사진을 보았다. 창백한 피부와 깔끔한 무늬의 어두운 색 드레스가 대조를 이루고 있었다. 흰 머리카락 아래 온화한 표정 속에 사랑하고 사랑받은 사람만이 지니는 여유로움이 가득 배어 있었다. 식료품점 줄이나 길에서 마주쳤다면 내게 미소를 지어줬을 법한 여자였다. 추모 헌사를 통해 그에 관해 더 많이 알게 된 나는 마음이 한결 나아졌다.

나는 어떤 면에서 그와 친밀감을 느꼈다. 폭풍이 몰아치던 어느 겨울, 우리 둘은 어려움을 겪던 두 여자였다. 우리는 둘 다 다른 방식으로 어려움을 겪었다. 나는 내 집을 강물에 잃을 뻔했다. 한 번 더 폭설이 내리고 얼어붙은 비가 내렸다면 그 무게 때문에 집의 남동쪽 모서리가 물속으로 밀려 내려갔을 것이고, 그랬다면 느리지만 돌이킬 수 없는 침수가 이어졌을 것이다. 그는 훨씬 더 심각한 싸움을 벌이고 있었다. 의학의 힘을 빌려 살아남으려 애썼던 그는 약물이나 우울증 때문에, 어쩌면 날씨 탓이었는지도 모르겠지만 결국 삶을 놓아버리고 말았다.

나는 남은 사람의 기분이 어떤지 오래전부터 알았다. 가족이 세상을 떠난 지 꽤 오랜 시간이 흘렀다. 자살로 갑작스럽고 충격적인 상실을 경험한 많은 사람은 삶을 더 충실히 살아야 한다고 느끼기도 한다. 그 삶의 일부는 바로 더 이상 삶을 견딜 수 없었던 사람을 위해 대신 살아가는 것이기도 하기 때문이다. 브루스는 겨우 성년의 문턱에 선 시점에서 자기 삶을 멈췄다. 그는 인생이 지닌 가능성에 관해 아무것도 몰랐다. 그의 죽음은 너무 일찍 찾아왔다.

하지만 강에서 발견된 여자의 죽음을 생각하면 '너무 일찍'이라는 말은 맞지 않다. 우리 모두 각기 다른 방식으로 삶의 끝자락을 맞이한다. 그의 추모 페이지에는 그가 겪던 문제, 신체적 고통이나 불편함, 여러 약물이 몸과 마음에 미치는 위험한 요소, 장기 투병이 정신에 미치는 영향에 관한 자세한 설명이 없었다. 내가 알 수 있는 건 오직 그가 삶에서 많은 경험을 했고, 세상을 떠나기 전 그 시점에서 죽음이 어떤 의미이고 또 자신이 얼마나 마지막에 와 있는지 알고 있었다는 것뿐이다.

내 이야기를 하자면, 난 아직까지는 노년에 관한 호기심이 너무 커서 이 시기를 떠나고 싶지 않다. 이 지구라는 별에서 내게 주어진 자리가 행운이라고 생각한다. 모든 게 기울어질 수 있다는 것도 늘어나는 무게가 어느 순간 날 짓누를 수 있다는 것도 잘 안다. 나는 더 이상 아무것도 당연하게 여기지 않는다. 나를 둘러싼 것들에 전보다 더 관심을 가지고 귀를 기울이며 지켜본다. 처음부터 마땅히 이렇게 살았어야 했다. 하지만 아직 늦지 않았다.

그새 나는 이 강에서 죽은 여자를 마음속에 품고 있다. 그는 짐이 아니다. 오는 1월에는 그와 브루스, 그리고 잃어버린 다른 이들을 위해 촛불을 밝힐 생각이다. 그리고 내 발밑과 문밖에 흐르는 이 강을 위해서도 불을 밝힐 것이다. 강은 너무나도 많은 힘과 생명을 품고 있다. 심지어 더는 자기 삶을 붙잡을 수 없었던 몇몇 생명까지도.

당신 삶의 한 조각을 쥐고

시간은 존재이고

존재는 시간

그 모든 게 하나로 이어져 있네

빛나는 것, 보이는 것,

그리고 넘쳐흐르는 어둠까지.

— 어슐러 르 귄, 「시간에 대한 찬송가」에서

나는 아빠의 멍들고 상처 난 팔에서 슬며시 시계를 끌렀다. 아빠는 시간 지키는 걸 중요하게 생각했다. 평생 한 번도 지각한 적이 없을 정도였다. 하지만 이제 더 이상 그의 시침과 분침은 흐르지 않았고 시간을 지킬 기회도 없었다.

전날 오후 엄마로부터 전화가 왔다. 2월의 아이오와에 찾아온 건 차디찬 겨울이었다. 나는 디모인 공항에서 북쪽으로 약 48킬로 떨어진 에임스로 서둘러 렌터카를 몰았다. 자정이 다 되어서야 병원 주차장에 차를 세울 수 있었다. 나는 떨리는 손으로 시동을 껐다. 차에서 내리자마자 멀고도 가까운 듯한 건물을 향해 서둘러 걸음을 옮겼다. 살이 에일 듯한 바람에 고개를 숙이고 주머니에 깊숙이 손을 찔러 넣은 채 넓은 차도를 건넜다.

처음엔 눈에 눈물이 고인 탓에 쥐가 그저 흐릿한 움직임으로만 보였다. 그러다 창문에서 쏟아지는 직사각형 모양의 빛에 형체가 드러났다. 작은 몸집에 얇은 털옷을 입은 쥐는 잠시 망설이다 콘크리트 차도를 가로질러 잽싸게 주차장으로 달려갔다. 차도를 대서양만큼이나 넓게 느꼈을 자그마한 생명체는 완전히 잘못된 방향으로 가고 있었다. 쥐에게 필요한 건 풀 한 포기와 몸을 숨길 만한 구멍, 그리고 쓰러진 나뭇가지 하나였다. 내 마음은 그 쥐와 아빠, 나 자신, 그리고 세상 모든 것으로 인해 갈기갈기 찢어지는 듯 고통스러웠다.

나는 아빠가 침대에 누워 죽어가는 방으로 이어지는 어둑한 복도를 걸어갔다. 엄마가 아빠 옆에 서 있었다. 당시 엄마가 여든다섯, 아빠가 여든둘이었다. 며칠 동안 아빠가 눈을 뜨지 못했다고 엄마는 말했다. 하지만 엄마가 몸을 숙여 내가 왔다고 말하자 아빠가 단 몇 초간이었지만 깜빡이며 눈을 떴다가 바로 다시 감았다. 아빠 눈에 나를 담기엔 충분한 시간이었다. 나는 엄마가 한 말을 반복하는 것 말고는 아무것도 할 수 없는 자신이 너무나도 무력하게 느껴졌다. "아빠." 내가 말했다. "나 왔어."

산소호흡기를 낀 아빠는 하얀 붕대 같은 것으로 머리 위아래를 두르고 턱 밑을 고정하는 끔찍한 장치를 착용하고 있었다. 평생 흡연자였던 그는 폐질환으로 죽어가고 있었다. 저 하얀 물건이 어떨 때 쓰는 건지 전혀 감도 오지 않았다. 그저 기계들이 깜빡거리고 윙윙대는 그 모든 끔찍한 광경의 일부로만 보였다. 침대 옆에 꼭 붙어 괴로워하는 엄마 모습도 마찬가지였다. 아빠 턱 밑에 고정한 흰색 물체 역시 다른 모든 게 그렇듯 전혀 이해할 수 없었다. 나는 그게 뭔지 묻지 않았다.

아빠는 병원에 오고 싶어 하지 않았다. 엄마가 가길 원했고 나 역시 지난주에 통화를 하며 가보길 권했다. 병원에서 아빠를 편안하게 해주고 아빠가 다시 집으로 돌아와 자기 침대와 의자, 자연과 역사 다큐멘터리, 즐겨 읽는 잡지로 작은 위안을 받을 수 있기를 바랐을 뿐이었다. 하지만 여기엔 삐 소리를 내는 장치들과 깜빡이는 불빛 말고는 아무것도 없었다.

며칠 동안 침대에 누워 있다가 언제 집에 가는지 묻자 돌아온 "아, 환자분요. 집에 돌아가실 수 없어요."라는 간호사의 대답에 충격을 받은 아빠가 나중에 병실에 온 엄마에게 이 일을 이야기해주었다고 했다. 엄마는 그 현실도, 이 잔혹함도 좀처럼 이해하기 힘들어했던 것 같다. 나 역시 이 이야기를 듣는 것만으로도 충분히 끔찍했지만 아빠가 누워 있는 걸 보는 건 더 끔찍했다. 후회스러웠다. 난 무슨 생각으로 아빠한테 여기 오라고 권한 걸까. 그러지 말았어야 했다.

나는 침대 반대편으로 자리를 옮겨 유일하게 살아 있는 형제 마이클 옆에 섰다. 그는 나보다 두 살 많은 쉰여덟이었다. 우린 서로를 부둥켜안았지만 아무 말도 하지 않았고 그저 가까이 서 있었다. 두세 번 채혈사가 들어와 아빠의 피를 뽑으려 했지만 이미 혈관이 다 물러져 정맥을 찾기 힘들었다. 한때 잘생겼고 운동도 잘했고 유머러스하면서도 고집스럽던 이 남자가 다 시들어가는 모습이 절망스러웠다. 결국 모든 채혈사가 포기하고 더 경험이 많은 사람을 찾아와 주삿바늘로 팔을 다시 찔러보겠다고 말했다. 그 말처럼 시퍼렇게 멍들고 검게 변한 팔에 재차 시도를 해볼 사람이 필요했다.

시트 아래로 보이는 아빠의 마른 몸을 보며 멍한 기분이 들었다. 엄마와 마이클의 침통한 침묵에 마음이 무너졌다. 멀리 떨어져 산 탓에 몇 달 동안 가족을 보지 못했었다. 내 머릿속은 기계처럼 윙윙거렸고 삐 소리로 가득 찼다. 모든 게 엉망이어서 제대로 된 생각은 전혀 할 수 없었다.

나는 충격에서 조금 벗어나 정신을 차린 뒤 문을 열고 들어온 다음 채혈사에게 왜 계속 아빠 팔을 찌르며 이런 짓을 하는지 이유를 물었다. 도대체 왜 그러는 걸까. 그는 고개를 절레절레 흔들며 다른 누군가에게 이야기하겠다고 말했고, 그 뒤 팔을 계속 찌르는 일을 멈췄다. 하지만 이제는 그 팔이 멈추지 않았다. 아빠의 팔은 끊임없이 오르락내리락하며 정신없이 침대와 허공 사이를 오갔다.

간호사들이 드나들며 머리 위 조명을 끄고 여기저기를 조정했다. 이른 새벽 시간이 흘러갔다. 간호사 한두 명이 아빠에게 모르핀을 투여하길 원하는지 물었다. 그게 전부였다. "모르핀 투여를 원하시나요?"

마이클과 나는 한 번도 죽어가는 사람 곁에 있어본 적이 없었고, 엄마 역시 현대 병원에서 누군가의 마지막 순간을 곁에서 지켜본 적이 없었다. 아무도 모르핀이 어떤 작용을 하는지, 또 어떻게 도움이 되는지 우리에게 설명해주지 않았다. 우리는 아빠를 잃어가는 상황에 너무 깊이 빠져 있어 그들의 질문이 제대로 귀에 들어오지 않았다. 그들은 이 기계 저 기계를 만지고 침대 위 수액 주머니 속 내용물을 교체하기 위해 수시로 병실을 드나들었다. 내내 저 모르핀에 관한 질문을 생각할 겨를조차 없다가 새벽 3시가 다 되어 그제야 물어볼 생각이 들었다. 그리고 그 의미를 이해한 순간 우리는 모두 동의했다. 간호사가 모르핀을 주사하자 아빠 팔의 이상한 움직임은 곧 멈췄다. 왜 아무도 모르핀에 관해 더 일찍 설명해주지 않았을까. 아니, 어쩌면 의사가 엄마에게 설명했을 수도 있다. 그렇다면 엄마가 제대로 이해하지 못했던 걸까.

마이클과 나는 근처 방에 있는 불편한 의자에서 번갈아 가며 쪽잠을 잤다. 엄마는 밤새 침대 옆에 서서 앉으려 하지 않았다. 나중에 엄마는 왜 그 긴 밤 동안 아무도 아빠에게 말을 걸지 않았느냐고 물었다. 나는 대답할 수 없었다. 나는 평생 마음속에 아빠에 대한 사랑과 두려움이 공존했다. 아빠가 퇴근하면 다정하고 재미있는 이야기를 잔뜩 들려줄까? 아니면 화를 낼까? 우리가 다 잠들고 한참 뒤에야 집에 올까? 우리가 만약 깨어 있다면 무시하고 쌀쌀맞게 굴거나 술을 마시고 소리를 지를까? 우리가 아빠 말 때문에 상처받아 울면 매를 들겠다고 위협할까? 아니면 위로해줄까? 형제 중 셋은 낮에 잘못 행동하면 저녁 식사 자리에서 아빠에게 한참을 혼났고 차가운 시선을 받아야 했다. 하지만 막내 말라는 벌을 받은 적도, 아빠에게 부정적인 말을 들은 적도 없었다.

마이클, 엄마, 그리고 나는 이제 아빠 곁에 함께 머물며 그를 지켜보고 있었다. 어린 시절로부터 멀리, 부모님이 신혼이던 그 다사다난했던 세월로부터도 멀리 떨어져 바라보고 있었다. 아빠는 집을 떠나겠다고 협박했지만 결국 떠나지 않고 정착했다. 그래서 우리는 아빠를 사랑하면서도 두려워했다. 하지만 이

자리에서, 그리고 이 마지막 순간에 그 모든 걸 어떻게 말해야 할지 몰랐다.

그날 밤 우리는 많은 말을 하지 않았을지 모르지만 아빠에게 손을 뻗었다. 아빠를 그렇게 맘껏 만져본 건 태어나 처음이었다. 우리는 아빠의 다리와 발, 손, 그리고 채혈 바늘에 덜 찔린 팔을 쓰다듬었다. 아빠 머리에 감겨 있던 끔찍한 장치―그게 뭔지 왜 물어보지 않았을까―때문에 얼굴을 만질 순 없었지만 만약 만질 수 있었다면 얼굴도 어루만지고 싶었다.

의자에서 잠을 이루지 못한 채 밤이 계속 흘러갔고 엄마는 여전히 앉기를 거부했다. 간호사들은 어둑한 방 안을 드나들고 또 드나들었다. 우리가 알던 시간은 우릴 버린 듯했다. 이제 남은 건 검은 창문과 벽에 붙은 히터의 웅웅거리는 소리, 멀리서 들리는 경보음, 그리고 간호사들의 목소리뿐이었다.

다음 날 아침 조카가 문을 열고 들어올 무렵 우리 셋은 이미 죽음의 품속에 안겨 있었다. 그때 우리에게는 여기에 다 함께 있다는 사실만이 중요했다. 우리는 조카를 우리 옆으로 불렀다. 우리는 아빠가 누운 침대를 둘러싸고 있었고 아빠는 머리에 그 끔찍한 장치를 한 채 누워 있었다. 그러나 우리 중 누구도 그걸 떼어내달라고 요구할 생각을 하지 못했다. 상식을 뛰어넘는 병원의 이상한 규칙 같은 마법에 걸린 듯했다.

아빠의 숨소리가 느려졌다. 오전 9시가 조금 지나 아빠는 숨을 거뒀다. 마이클은 침대 한쪽에, 나는 다른 쪽에 서 있었다. 아빠가 세상을 떠나는 순간 우리는 눈을 마주쳤다. 아빠와 함께 한 여정은 모두에게 힘든 시간이었지만 우리는 아빠를 사랑했다. 모두 눈물을 흘렸다.

곧 간호사가 들어와 우리에게 부드러운 목소리로 방을 나가달라고 말했다. 우리는 한 명씩 떠밀리듯 문밖으로 나갔다. 내가 가장 마지막으로 나왔지만 멀리 가지 않았다. 내 뒤로 문이 닫히자마자 다시 뒤돌아 혼자 병실로 들어갔다.

지금은 움직임이 없는 팔에 채워진 똑딱이는 시계는 아빠가 자랑스러워하던 물건이었다. 아빠는 한때 대공황 당시 은행에 압류당한 목장에서 가난한 어린 시절을 보냈지만 스스로의 힘으로 가난에서 벗어났고 노년에 이르러서는 적어도 늘 돈 걱정은 하지 않을 만큼 경제적으로 풍족했다. 그는 다른 면에서도 인간적으로 성공했다. 그런 의미에서 우리는 아빠에게 남다른 존재였다. 처음에는 원치 않았던 임신이었지만 결국 아빠는 이를 받아들였고 부모님이 결혼해 가정을 꾸리라고 압박한 것에 대한 부담을 마침내 내려놓았다. 가족을 받아들이며 아빠는 스스로 평화를 찾았다. 세월이 흘러 우리 덕분에 온화해졌고 자신보다 더 소중한 존재를 만나 신경 쓰는 일까지 생겼다. 그 대가로 아빠는 우릴 돌봤다.

그 모든 걸 기리기 위해, 그리고 아빠가 우리에게 겪게 한 어려운 세월을 잊기 위해 나는 그 시계를 차고 싶었다. 비록 내겐 너무 컸지만 그 시계는 한동안 아빠를 내 곁에 둘 수 있는 방법이었다. 그리고 무엇보다도 아직 그 병실에 아빠를 홀로 남겨두고 떠날 준비가 되지 않았었다.

나는 유품을 갖고 싶었다. 아빠는 내가 다른 어디에서도 배울 수 없는 것들을 항상 가르쳐주었다. 시작은 내가 아홉 살 때부터였다. 그때 아빠는 선생님들이 역사에 관해 말하는 모든 걸 믿지 말라고 했다. 아빠는 조지 워싱턴이 순수하고 정직한 사람이 아니었다는 놀라운 말도 했다. 노예제도와 가난에 관해 이야기했고 또 다른 사람들이 도와줄 수 있는데도 종종 도움받길 거부했던 사람들에 관해서도 말해주었다. 아빠는 어떤 정당이 집권하든 정부의 선택을 엄격하게 비판했다. 마지막 순간까지도 《마더 존스》와 《네이션》을 구독했다. 그는 진보적이고 참정권론자였던 할머니의 아들이었다.

아빠는 자신이 말한 몇 가지 진실이 어려운 교훈이라는 걸 알았지만 그래도 내게 알려주었다. 나는 그런 아빠가 고마웠다. 아빠는 자연에 관해서도 가르쳐주었다. 매년 동지가 되면 해 지는 시간에 날 창가로 데리고 가 이렇게 말하곤 했다. "오늘부터 매일매일 하루가 조금씩 길어질 거야." 아빠는 동물을 사랑했다. 아빠였다면 얼어붙는 추위 속에서 병원 진입로를 가로질러 엉뚱한 방향으로 달려가는 쥐를 가슴 아파하며 신경 썼을 거다.

그래서 나는 아빠 삶의 한 조각을 가져가기로 결심했다. 침대로 다가가 조심스럽게 아빠 팔에서 시계를 끌러 내 손목에 찼다. 그러다 순간 우연히 아빠 얼굴을 바라보았다. 조금 전까지만 해도 완전히 생명이 빠져나간 듯했던 그 얼굴에서 마치 붕대와 죽음, 시간 자체가 사라지고 대신 부드럽고 어린아이 같은 모습으로 바뀌는 듯했다. 이어 진지하고 고군분투하던 어린 소년의 얼굴이 나타났고, 또다시 야윈 몸을 지닌 배고픈 목장 아이가 보였다. 그러더니 선명한 사춘기 때의 모습으로 바뀌었고 젊은 청년의 얼굴로, 그리고 순식간에 성숙한 남자, 나이 든 남자, 노인의 모습으로 변해갔다.

사람은 죽을 때 자기 인생이 눈앞을 스쳐 지나간다고 했다. 이 말을 얼마나 많이 들어왔는지 모른다. 하지만 왜 지금, 오직 우리 둘뿐인 이 순간에 이런 일이 벌어지는지 알 수 없었다. 그러나 아빠와 가까이 있으면서 곧 깨달았다. 나는 아빠의 거울이었다. 아빠는 다른 자녀들보다 나를 더 많이 바라보곤 했다. 나는 사람들, 정치, 책, 공동체, 친구 등 아빠의 관심사를 비추는 거울이었다. 그리고 내가 방금 겪은 일이 시계 때문이라는 걸 본능적으로 알았다. 시계를 아빠 손목에서 내 손목으로 옮기는 그 순간, 아빠는 떠나며 시간 자체를 내게 넘겨주었다.

가끔 이 일을 되돌아보면 정말 있었던 일이 맞는지 믿기 어려울 때가 있다. 하지만 그때 지나간 얼굴들을 떠올리면 새삼 내 기억이 맞다는 걸 되새긴다. 한 명 한 명의 얼굴이 얼마나 선명했는지, 그리고 얼마나 빠르게 나타났다 사라졌는지 설명하기는 어렵다. 그 짧은 순간에 우리가 존재했고 모든 게 단지 한 번의 섬광처럼, 우주를 가로지르는 혜성처럼 스쳐가다 사라졌다는 걸 누가 믿을 수 있을까? 하지만 나는 또렷이 경험했다. 그 순간이 무엇이든, 시간 안에서 일어난 일이든 밖에서 일어난 일이든 그로 인해 완전히 아빠의 삶 전체와 이어졌다. 나는 더 이상 아빠의 거울이 아닌, 아빠의 빛과 어둠이 가득한 세상을 바라보는 목격자가 되었다.

엄마와 나, 우리가 둘이던 시절

엄마와 나는 가게에 들어선 이후 세 번째로 본 '나이 든 딸과 나이 든 엄마' 조합 뒤에 줄을 섰다. 우리 앞에 있던 엄마는 키가 컸고 80대 후반쯤인 듯했다. 마르고 힘이 없어 보였지만 눈빛이 날카로웠다. 뒤돌아선 그는 피곤함에 찌들어 생각에 잠긴 인간 줄을 평가하듯 바라보았다. 그러고 나서 우릴 훑어본 뒤 몸을 앞으로 숙인 채 쇼핑 카트 위에 팔을 얹었다.

당시 나처럼 60대쯤 되어 보인 딸은 자기 엄마처럼 키가 크고 길쭉한 체형이었지만 통통했고 세련된 옷차림을 하고 있었다. 그는 허리가 트인 드레스를 입은 배우들이 장식한 잡지 표지를 뚫어져라 바라보았다. 드레스의 깊게 파인 목둘레선이 젊고 부푼 가슴을 슬쩍 드러내고 있었다. 디자이너 드레스와 다이아

몬드로 치장한 미국의 여신들이었다.

　이런 엄마와 딸의 조합을 여기저기서 보게 된 게 새삼스럽지는 않았다. 아마 그동안 내가 주의를 기울이지 않아서 못 본 것뿐일 터였다. 하지만 그해 여름, 내 삶은 바뀌었다. 엄마가 아이오와에서 오리건으로 이사 와 내가 사는 곳 근처의 요양 시설에 살게 되면서 나도 저 모녀 부대의 막내가 되었다.

　엄마는 조용했던 아이오와에서의 생활을 그리워했다. 병원 진료나 쇼핑을 위해 시설을 나설 때마다 엄마는 포틀랜드의 규모에 불만을 토로했다. 도시는 꼭 그렇게 크고 넓어야만 하는지 물었다. 엄마는 특히 40년 넘게 살았던 집을 그리워했다. 낯선 사람들과 함께 식사하거나 복도에서 마주치는 것, 또 간병인이 아무 때나 자기 공간에 들어와 괜찮은지 확인하는 걸 불편해했다. 엄마는 자기에게 익숙한 것, 그러니까 딸인 내가 자신의 새로운 삶에 들어와주길 간절히 원했다. 그래서 나는 매일 한두 시간, 때로는 더 오래 엄마가 사는 아파트에서 시간을 보냈다.

　전에는 일주일에 한두 번 정도 엄마가 내게 전화하거나 내가 엄마에게 전화를 걸었지만 이제는 엄마가 하루에 네 번 이상 전화를 걸어왔다. 나는 이런 방해에 익숙해지려고 노력했고, 이 모든 건 엄마가 불안해해서 생긴 일이라 생각했다. 그래서 엄마가 새로운 환경에 익숙해지면 이 불안도 줄어들지 않을까 기대했다. 그 와중에 나는 엄마가 보여주는 유머 감각과 엄마가 주변 사람들, 엄마 말을 빌리자면 동료 '수감자들'에 관해 매일 들려주는 일화들, 그리고 엄마가 진짜 이름을 모르는 사람들에게 붙이는 별명들이 고맙게 느껴졌다. 예를 들어 '변덕 씨'는 시설 내 유명한 바람둥이 남자를, '산만한 젊은이'는 머리가 검은 70대 바람둥이 여자를 부르는 말이었다.

우리 둘 다 적응하는 데 어려움을 겪었다. 엄마가 늘 쇼핑을 좋아해서 그날 우리는 가게에서 한 시간을 보냈다. 계산대 줄에 서 있을 때 엄마는 참을성 있게 밝은 기분을 유지했고 긴 줄을 견디며 우리 카트를 보행기처럼 사용해 앞으로 나아갔다. 계산대에 가까워지자 엄마는 몸을 옆으로 기울여 반짝이는 잡지들을 곁눈질하더니 큰 소리로 물었다. "저 여자들은 도대체 뭘 입은 거야? 저게 옷이야?"

다른 엄마가 고개를 돌려 가슴이 강조된 옷 사진을 보고 말했다. "천이 모자랐나 봐요."

오래된 농담이었지만 나는 그 덕분에 웃을 수 있어 기뻤다. 청력이 좋지 않아 그 말을 알아듣지 못한 엄마가 돌아보며 내게 무슨 말이냐는 표정을 지었다. 나는 그 여자의 말을 엄마에게 다시 들려주었고 엄마는 여자를 향해 미소 지었다.

나는 그 여자와 함께 있던 딸과 눈을 마주치려 했지만 그는 문 쪽을 바라보았다. 아마도 집에 가는 생각을 하고 있던 듯했다. 나는 생각했다. 누군가 그를 기다리고 있을까? 그는 엄마와 함께 살까? 아니면 혼자 살까? 오늘 저녁 먹고 나서는 뭘 할까? 책을 읽을까? 와인 한 잔을 따라서 넷플릭스를 볼까? 친구에게 전화해 오늘 있었던 일을 이야기할까? 아니면 내일도 오늘 같은 평온한 하루가 찾아오길 기도하며 잠들까?

나는 다른 딸들에 관해 알고 싶었다. 그들은 잘 버티고 있을까? 간병인이 된다는 건 내 하루가 크게 바뀌는 일이었다. 해야 할 일 목록, 심부름, 병원 스케줄 관리, 그리고 재정적인 스트레스를 감당하기 힘들 정도였다. 엄마가 요양 시설에 살았지만 내 삶에 들어오면서 내 시간을 내달라는 요구가 너무 커져 더 이상 직장을 다닐 수 없었다. 나는 저축한 돈으로 생활비를 충당해야 했고 독서와 글쓰기, 친구들로 가득했던 삶에서 엄마와 함께하는 시간으로 대부분 바뀌어버린 엄청난 변화가 버거웠다. 그럼에도 불구하고 나는 간병을 통해 새로운 목적의식을 느꼈고 지금까지는 그게 좋게 느껴졌다.

우리 앞에 서 있던 딸이 마침내 우리 쪽으로 고개를 돌렸다. 그의 얼굴에는 지친 기색이 역력했다. 딸은 엄마를 짜증스럽게 쳐다보고는 저만치 엄마에게서 멀어졌다. 그 순간 난 절대 우리 엄마를 저렇게 대하고 싶지 않다고 생각했다. 그는 재미있으라고 한 말이 지루해 보였고 낯선 사람들과 즉석에서 말을 섞는 것에 지쳐 보였다. 엄마와 과거에 다툼이 많았던 걸 생각하면 우리도 그렇게 될지 모르지만 그런 일이 일어나지 않도록 해야겠다고 생각했다. 엄마는 이제 아흔넷이었다. 우리에게 남은 시간은 얼마나 될까?

나는 아직 간병의 감정적, 정신적, 신체적 위험에 관해 잘 몰라서 그 딸의 표정과 행동을 제대로 이해할 수 없었다. 나는 아직 여성 노인을 돌보는 사람의 91퍼센트가 딸이라는 것도, 그 딸들이 아들들보다 두 배나 더 많은 시간을 간병에 할애한다는 것도 알지 못했다. 많은 사람이 간병 때문에 일을 쉬게 되어 연간 수천 달러의 수입을 잃는다. 이들은 스트레스와 관련한 건강 문제를 겪기 쉽고 다른 사람보다 더 많은 우울증과 불안을 경험한다.

소수 민족과 저소득 여자들이 가장 큰 고통을 겪는다. 이 그룹에 속한 나이 든 독신 여자의 30~40퍼센트가 빈곤층에 속하기 때문이다. 가족간병인연합에 따르면 이 여자들은 "간병 일을 지원하고 부담을 덜어주기 위한 유료 가정 간호 또는 지원 서비스를 받을 가능성이 고소득자의 절반밖에 되지 않는다."라고 한다.

새로운 환경에 관한 엄마의 불안감은 마침내 줄어들었다. 엄마가 새집에 잘 적응했고 백 살까지 살았기 때문에 나는 다른 딸들을 관찰하고 배울 기회가 충분했다. 대기실, 쇼핑몰, 약국, 미용실, 도서관, 재활 센터, 병원 복도, 공원, 보청기 센터, 카페, 서점, 갤러리, 치과 등 주변에 우리 같은 사람이 무수히 많았다.

엄마와 내가 가는 곳마다 딸들이 엄마 아빠가 보고 듣고 의사소통하고 이곳저곳 장소를 옮기는 걸 돕고 있었다. 잘 보면 그런 광경이 보인다.

가끔 계산대에 서 있던 그 딸을 떠올린다. 이제 더 많은 정보와 경험이 쌓였기 때문에 그의 사정을 추측해볼 수 있다. 어쩌면 그는 은행 명세서를 확인하고 또 천 달러가 사라진 게 속상했을지 모른다. 어쩌면 걱정거리 때문에 엄마가 영화배우들에 관해 농담한 게 귀에 들어오지 않았을지 모른다. 어쩌면 그에게는 원래 엄마를 좋아하지 않았고, 지금 와서 새삼스레 좋아하려 하지 않는 타당한 이유가 있었을지 모른다.

나는 아마 그날 그 순간 그에게 너무 가혹한 판단을 내렸던 것 같다. 그의 진실이 무엇이었든 그걸 존중한다. 동시에 내가 그 당시 내린 결론에도 감사한다. 그건 내 길을 찾는 데 도움이 되었다. 어려움에도 불구하고 엄마와 나는 정서적으로, 정신적으로, 그리고 신체적으로도 끝까지 함께했다. 갈등을 겪지 않았다는 말은 아니다. 며칠 동안 우릴 힘들게 했던 커다란 갈등도 있었지만 사소한 갈등도 만만치 않게 존재했다. 그럼에도 우리는 함께할 수 있었다. 우리 둘 다 노력했고 운도 따랐다. 엄마는 새로운 친구들을 사귀었고 내게는 오랜 친구들의 도움과 나 자신에 관해 정기적으로 글을 쓴 블로그 〈아흔넷 앨리스에게 물어보세요〉를 읽어주던 독자들의 배려가 함께했다.

얼마 전 주차장에서 한 모녀와 우연히 마주쳤다. 엘리베이터 문이 열리자 그들이 안에서 뭔가를 두고 킥킥거리며 웃는 모습이 보였다. 짧은 머리를 한 둘 다 흰색 폴로 셔츠에 잘 다린 바지를 입고 있었다. 내가 탄 엘리베이터가 다시 올라가기 시작하자 딸이 재빨리 지팡이를 짚고 있던 엄마를 잡아주려 손을 뻗었다. 나는 딸이 이 동작을 무의식적으로, 그리고 자주 한다는 걸 알 수 있었다. 이 삶의 시기에 그의 목적은 오래전부터 자신에게 이런 일을 해주던 엄마와 함께하고, 그 엄마를 대변하고 또 보살피는 것이었기 때문이다.

나는 그들로부터 조금 떨어져 서 있었다. 지금 이 순간, 그들의 웃음은 오롯이 그들만의 것이었다. 나는 엄마를 떠올리며 엄마가 백 살 넘게 살길 바랐던 게 합리적인 바람은 아니라고 생각했다. 그런데도 가끔 엄마와 딸이 함께 웃는 소리를 들으면 나도 재미있는 말을 건네거나 꽃을 가져다주는 등 우리 엄마를 언제나, 언제나 설레게 할 행동을 하고 싶다.

'딩' 하고 엘리베이터가 소리를 냈다. 짧은 머리의 엄마와 딸은 천천히 자기 차로 걸어갔고 나는 내 차로 걸어가며 울음을 터뜨렸다. 엄마가 세상을 떠난 뒤 오랫동안 그랬던 것처럼 마치 나무에서 부러진 가지가 된 기분이었다.

나는 이제 간병인의 삶을 떠났지만 여전히 스스로를 다그친다. 이른바 '걱정 없는' 삶이라는 완고한 돌덩이에 목적을 새

겨야 하는 날들이 남아 있다. 엄마는 내 곁에 없어도 난 여전히 엄마와 딸의 조합을 찾는다. 그러다 모녀의 모습이 눈에 들어오면 보통은 딸과 눈을 마주치려 노력한다. 그리고 가능하다면 그를 향해 고개를 끄덕인다. 난 당신을 보고 있어요. 뭘 하고 있는지 잘 알아요.

그저 다가오는 대로 살면 된다

노트북에서 고개를 들어 강을 보며 쉬다가 하우스보트 건너편 둑 주변을 맴도는 독수리 몇 마리를 발견했다. 아침이었다. 이미 바깥은 더웠다. 검은 몸통에 붉은 얼굴을 한 칠면조 독수리는 자기가 하는 일이 무안하기라도 하듯 날갯짓을 거의 하지 않고 원을 그리며 맴돌았지만, 그중 두 마리는 그조차도 귀찮은 듯 지쳐 보였다. 그들은 곧 하늘에서 내려와 출입 금지 표지판이 붙은 두 개의 기둥 위에 앉아 쉬었다. 강둑에서 죽어가는 게 뭐든 그 힘든 작업이 끝날 때까지는 그곳이 충분히 좋은 주차 공간이었다.

인적이 드문 섬 건너편 시골에서 40년 넘게 살아온 나는 자연의 아름다움이나 냉혹한 생명의 흐름이 낯설지 않았다. 그래서 잠시 뒤 이 크고 우아한 새 몇 마리가 풀밭에 미끄러지듯 내려앉는 걸 보고도 놀라지 않았다. 두 마리의 침입자는 다시 날아올라 백여 미터 정도를 낮게 날다 잡초 속으로 사라졌다.

그날 아침에 이미 나는 죽음에 관해 생각하고 있었다. 아픈 반려견을 둔 친구와 연락이 닿아 대화하면서 내 반려견의 죽음과 아팠던 기억이 떠올랐다. 나는 다시금 내게 친구가 되어준 개들이 무척 고마웠다. 그들은 그동안 몇 년 간격으로 차례차례 내 곁을 떠났다.

나는 고개를 숙이고 트랙패드를 두드렸다. 노트북 화면이 다시 밝아지자 당장 손에 쥐어진 글쓰기 작업으로 돌아갔다. 처리할 일이 산더미처럼 쌓인 상황에서 독수리, 그리고 슬픔에 빠지지 않기로 했다.

∽∽∽∽∽∽

한 시간쯤 지나 점심을 먹고 있을 때였다. 맑고 푸른 하늘에서 커다란 백로 한 마리가 다리를 쭉 뻗기 위해 맞은편 둑에 내려왔다. 독수리들과는 꽤 거리가 떨어진 곳이었다. 그들은 만찬이 끝난 뒤 몇 마리만 남아 뼈를 쪼고 있었고, 새로 온 자를 미처 알아차리지 못한 모양이었다.

정박소 근처에서 백로를 그렇게 가까이 본 건 처음이었다. 백로는 보통 섬의 호수 주변이나 인접한 내륙에 잠깐 머무르곤 했다. 나는 백로의 조심스러운 발걸음과 집중하는 모습을 관찰하고 그 특별한 순간을 기념하기 위해 사진을 몇 장 찍었다. 그 큰 새가 날 외면한 채 물고기를 꿀꺽 삼킬 때는 마치 배려라도 하는 것 같았다. 그 장면을 보지 못한 게 다행이라고 생각했지만 또 죽는구나 싶었다. 나중에 찍은 사진을 보니 그저 하얀 무언가가 흐릿한 형체로 찍힌 것뿐이었다.

컴퓨터 앞에서 두어 시간을 더 보낸 뒤 저녁 식사 전에 경사로를 올라가 산책을 하기로 했다. 얼마 지나지 않아 숲속에 도착한 나는 그곳에서 다시 한번 내 개들과 함께 걷던 모든 순간을 떠올리며 그리움에 잠겼다. 친구와 나눈 대화가 세 마리를 모두 내 마음속으로 다시 불러온 것 같았다.

나는 머릿속으로 개들 한 마리 한 마리를 떠올리며 그들이 얼마나 빠른지 생각했다. 모두 휘핏이나 그레이하운드 믹스였고 하나같이 사슴처럼 날렵하고 흰색과 황갈색 털을 지녔었다. 내가 '사슴처럼 날렵하다.'라고 생각한 바로 그 순간, 우연히 고개를 돌려 시선을 나뭇잎 사이로 향했다. 멀지 않은 곳에 작은 암사슴 한 마리가 서서 날 보고 있었다. 그 사슴은 목걸이를 하고 있었다.

사슴은 움직이지 않았고 나 역시 가만히 서 있었다. 물론 전에도 사슴을 여러 번 본 적이 있었다. 하지만 그 목걸이를 본 순간 믿을 수 없어 눈을 가늘게 뜨고 바라보았다. 나는 목걸이가 떨어지길 기대하며 계속 응시했다. 그리고 스스로에게 되뇌었다. 저건 목걸이가 아니야. 어떻게 목걸이겠어? 아마 덤불 사이를 지나가다 붙은 부스러기 같은 거겠지.

사슴은 고개를 살짝 돌리더니 한 걸음 나아가 작은 공터로 들어섰다. 덕분에 나는 사슴을 조금 더 잘 볼 수 있었다. 어두운 갈색 목걸이는 여전히 그 자리에 그대로 있었다. 체인처럼 보였지만 금속이 아닌 자연물로 만들어진 것 같았고 정부나 야생동물 관리국에서 제공한 것처럼은 보이지 않았다. 목걸이는 사슴 목을 감싸며 황갈색 가슴 위에 드리워져 있었다. 사슴은 나를 다시 한번 흘깃 쳐다보고는 천천히 나무 사이로 걸어갔고 곧 시야에서 사라졌다. 사라지기 전에 사진을 찍으려 했지만 이번에도 백로 때처럼 내 휴대폰 카메라에는 흐릿한 형상만 담겨 있었다.

그날 밤 잠들기 전 촛불을 세 개 켰다. 내 세 반려견을 위해서였다. 나는 잠시 심호흡을 하고 눈을 감은 뒤 카슨, 분, 브리오의 이름을 차례로 불러보았다. 그들은 세상과 세상 사이의 틈새인 황혼 녘에 나타났다. 만들어낸 빛이 아닌 주어진 빛이었다. 우리는 오리건 북부 해안에 있었다. 수없이 함께 산책하고 달렸던 곳이었다. 그들은 날 향해 달려오며 무척 기쁜 듯 보였다. 나는 내 개들을 반기며 눈물을 흘렸다.

독수리들, 엉뚱한 곳에 나타난 키 큰 하얀 새, 목걸이를 한 사슴, 그리고 오래전 세상을 떠난 내 세 친구의 방문… 이 모든 건 뭘 의미할까? 난 곧 죽게 될까? 죽을 때 이 모든 생명체와 내 인생의 다른 존재들, 어쩌면 몇몇 인간까지도 그 황혼 속에서 날 맞이해줄까? 아니면 이 모든 게 아무런 의미도 없는 걸까, 정말 아무것도 아닐까?

예전 같으면 이런 생각을 좇았을 것이다. 또 사진을 선명하게 만들려 애쓰고 그 의미를 두고 고민했을 것이다. 하지만 이제 나는 나이 들었다. 요즘은 가끔 예전과 다르다. 하루하루가 가져다주는 모든 걸 헤아릴 필요는 없다. 그저 다가오는 대로 살면 된다. 나이 든 여자가 된다는 건 놀라운 일이다.

감사의 말

작가라면 누구나 내 문학 에이전트인 커티스 브라운의 케리 다고스티노처럼 똑똑하고 현명하며 재능 있는 파트너를 만나고 싶어 할 것이다. 우리의 유대감은 세대를 초월하는 창의적이고 공감하는 힘에 관한 내 믿음을 입증해주었다. 그와 함께 일할 수 있었던 건 믿기지 않을 정도의 행운이었다.

케리 다고스티노는 날 OSU 출판사와 연결해주었다. 이 전설적인 오리건 출판사의 모든 분께 감사드린다. 특히 이 책을 출간하기로 하고 끝까지 지지해준 킴 호겔랜드에게 감사드린다. 글을 쓰는 내내 훌륭한 조언을 아끼지 않은 것에도 깊이 감사드린다. 또 꼼꼼하고 사려 깊은 검토와 탁월한 편집 감각을 보여준 미키 리먼, 소식 전하는 이야기를 재미있게 만들어준 마티 브라운에게도 감사드린다. 작가 베트 허스테드와 에블린 헤스는 OSU 출판사의 연락을 받고 초기 원고를 꼼꼼히 읽어주었다. 날카로운 의견과 조언을 아끼지 않은 두 분께 깊은 감사를 표한다.

지속적인 격려와 지혜, 그리고 제안을 아낌없이 베풀어준 친구 조앤 멀케이에게 깊이 고맙다. 첫 번째 글부터 마지막 글에 이르기까지 조앤의 도움은 정말 소중했다. 그가 던진 질문 덕분에 새로운 생각의 세계를 볼 수 있었다. 그가 없었다면 이 책은 탄생하지 못했을 것이다.

이 프로젝트를 완성하는 수년 동안 사랑으로 지지해주고 한없이 깊은 인내심과 아낌없는 관대함을 베푼 메그 글레이저에게도 깊은 감사를 전한다. 이 작품과 나에 대한 그의 변함없는 믿음에 감사드리며 이 글들이 다루는 많은 주제에 관해 항상 균형 잡힌 방향으로 날 이끌어준 점에 대해서도 감사드린다.

이 작품의 초기 독자인 줄리아 헬프리츠, 탈리아 제파토스, 루스 건들, 저스틴 팅에게 진심 어린 감사를 전한다. 또한 초기 원고를 세심하게 읽어준 에스더 포뎀스키에게도 감사드린다.

샐리 아치볼드, 캐서린과 앨런 칸, 리 코피, 밥 헤이즌, 클라우디아 존슨, 테레사 조던, 케첼 레빈, 마이클과 페트라 매더스, 스콧 라이언스, 다이앤 맥데빗, 캐시 모리아티, 산드라 세지윅, 주디 토이펠, 그리고 수잔 월시. 글 쓰는 동안 언제나 부드럽지만 단단한 바람이 되어 뒤에서 힘을 실어준 친구들에게 감사드린다. 내게 그들의 존재는 온 세상과 같다. 줄리아 헬프리츠와 매일 산책하고 대화를 나누면서 작업 중에 있던 많은 우여곡절을 극복하고 계속 나아갈 수 있었다.

이 책에 어슐러 K. 르 귄의 시를 사용할 수 있게 해준 테오 르 귄에게 특별히 감사드린다.

내 삶 속에서 길을 밝혀준 나이 든 여성이 여럿 있었지만 특히 앨리스, 매티, 엘리노어, 그리고 어슐러가 가장 기억에 남는다. 지금 내 나이를 살던 그들의 삶을 그때 온전히 이해하지 못한 부족한 날 너그러이 인내해준 것에 깊이 감사드리며, 그들이 보여준 모든 사랑에 진심으로 고마움을 전한다. 나는 그들과 함께한 추억을 소중히 간직하고 있다.

부록

노년을 주제로 다룬 소설들

국내 출간 도서

- 아리요시 사와코, 『황홀한 사람』 김욱 옮김, 청미, 2021.
- 뮈리엘 바르베리, 『고슴도치의 우아함』 류재화 옮김, 문학동네, 2015.
- 켄트 하루프, 『밤에 우리 영혼은』 김재성 옮김, 뮤진트리, 2016.
- 엠마 힐리 『엘리자베스가 사라졌다』 이영아 옮김, 북폴리오, 2016.
- 가즈오 이시구로, 『파묻힌 거인』 홍한결 옮김, 시공사, 2015.
- 마거릿 로런스, 『스톤엔젤』 강수은 옮김, 삼화출판사, 2012.
- 나카지마 교코, 『작은 집』 김소영 옮김, 서울문화사, 2011.
- 예완데 오모토소, 『이웃집 여자』 엄일녀 옮김, 문학동네, 2020.
- 비타 색빌웨스트, 『모든 열정이 다하고』 임슬애 옮김, 민음사, 2023.
- 뮤리얼 스파크, 『메멘토 모리』 김수영 옮김, 푸른사상, 2022.
- 엘리자베스 스트라우트, 『올리브 키터리지』 권상미 옮김, 문학동네, 2010.
- 엘리자베스 스트라우트, 『다시, 올리브』 정연희 옮김, 문학동네, 2020.
- 서보 머그더, 『도어』 김보국 옮김, 프시케의숲, 2019.
- 올가 토카르추크, 『죽은 이들의 뼈 위로 쟁기를 끌어라』 최성은 옮김, 민음사, 2020.
- 앤 타일러, 『파란 실타래』 공경희 옮김, 인빅투스, 2015.
- 앤 타일러, 『클락 댄스』 장선하 옮김, 미래지향, 2019.
- 린 울만, 『불안』 이경아 옮김, 뮤진트리, 2019.
- 엘리자베스 폰 아르님, 『4월의 유혹』 이리나 옮김, 휴머니스트, 2023.
- 벨마 월리스, 『두 늙은 여자』 김남주 옮김, 이봄, 2018.

국내 미출간 도서

- Rabih Alameddine, 『An Unnecessary Woman』 Grove Press, 2013.
- Radwa Ashour 『The Woman from Tantoura』 Hoopoe, 2019.
- Alan Bennett 『The Lady in the Van』 Faber & Faber, 2014.
- Bernadine Bishop 『Unexpected Lessons in Love』 John Murray Publishers, Ltd., 2013.
- Joanna Cannon 『Three Things About Elsie』 Harpercollins Publishers, 2018.
- Leonora Carrington 『The Hearing Trumpet』 Penguin Group USA, 2005.
- Alice Elliot Dark 『Fellowship Point』 Thorndike Press Large Print, 2022.
- Anita Desai 『Fire on the Mountain』 Vintage Publishing, 2001.
- Margaret Drabble 『The Dark Flood Rises』 Thorndike Pr, 2017.
- Margaret Drabble 『The Witch of Exmoor』 Harper Perennial, 1998.
- Joan Frank 『All the News I Need』 University of Massachusetts Press, 2017.
- Ernest J. Gaines 『The Autobiography of Miss Jane Pittman』 Demco Media, 1989.
- Beryl Gilroy 『Frangipani House』 Pearson Education Limited, 2008.
- Janet Campbell Hale 『Women on the Run』 Caxton Press, 1999.
- Ismail Fahad Ismail 『The Old Woman and the River』 Interlink Books, 2019.
- Howard Jacobsen 『Live a Little』 Jonathan Cape, Ltd., 2019.
- Tove Jansson 『The Summer Book』 Sort Of Books, 2003.
- Molly Keane 『Time After Time』 Virago Pr, 2001.
- Jane Somers(Doris Lessing) 『The Diary of a Good Neighbor』 Punto de Lectura, 2008.
- Penelope Lively 『How It All Began』 Penguin Publishing Group, 2012.
- Sarah Ladipo Manyika 『Like a Mule Bringing Ice Cream to the Sun』 Cassava Republic Press, 2016.

- Deborah Moggach 『These Foolish Things』 Vintage Books, 2005.
- Gloria Naylor 『Mama Day』 Vintage, 1989.
- Sofi Oksanen 『Purge』 Brilliance Audio, 2015.
- Stewart O'Nan 『Emily, Alone』 Penguin Publishing Group, 2011.
- Claudia Piñeiro 『Elena Knows』 Charco Press, 2021.
- Barbara Pym 『Quartet in Autumn』 Picador, 2015.
- Barbara Pym 『Some Tame Gazelle』 Open Road Media Teen & Tween, 2014.
- Anna Quindlen 『Still Life with Breadcrumbs』 Random House, 2014.
- Kathleen Rooney 『Lillian Boxfish Takes a Walk』 Daunt Books. 2017.
- May Sarton 『A Reckoning』 Women's Press, 2002.
- May Sarton 『As We Are Now』 Open Road Media, 2014.
- May Sarton 『The Education of Harriet Hatfield』 W. W. Norton & Company, 1993.
- Heidi Sopinka 『The Dictionary of Animal Languages』 Scribe Pubns Pty Ltd, 2019.
- Elizabeth Taylor 『Mrs. Palfrey at the Claremont』 New York Review of Books, 2021.
- Fay Weldon 『Rhode Island Blues』 Chivers, 2001.
- Mary Wesley 『Jumping the Queue』 Vintage Publishing, 2006.
- Anne Youngson 『Meet Me at the Museum』 Black Swan Press, 2019.

옮긴이 양소하
언어가 좋아 대학에서 영문학과 일문학을 전공하고 도쿄일본어학교를 졸업했다. 외국계 기업에서 근무했고 현재는 서울중앙지방법원 소속 통번역지정인으로 통번역 일을 이어가고 있다. 글밥아카데미에서 영어 및 일본어 출판 번역 과정을 수료한 뒤에는 바른 번역 소속 번역가로도 활동 중이다. 옮긴 책으로는 『책대로 해 봤습니다』『우리가 원하는 대로 살 수 있다면』『그게, 가스라이팅이야』『나의 하루를 지켜주는 말』『운의 시그널』『나는 더 이상 휘둘리지 않을 거야』『불안이 불안하다면』 등이 있다.

나는 언제나 늙기를 기다려왔다

초판 1쇄 발행 2025년 2월 28일

지은이 안드레아 칼라일
옮긴이 양소하

발행인 이봉주 **단행본사업본부장** 신동해
편집장 김경림 **책임편집** 이혜인
디자인 김은정
마케팅 최혜진 강효경 **홍보** 허지호
국제업무 김은정 김지민 **제작** 정석훈

브랜드 웅진지식하우스
주소 경기도 파주시 회동길 20
문의전화 031-956-7208(편집) 031-956-7088(마케팅)
홈페이지 www.wjbooks.co.kr
인스타그램 www.instagram.com/woongjin_readers
페이스북 www.facebook.com/woongjinreaders
블로그 blog.naver.com/wj_booking

발행처 ㈜웅진씽크빅
출판신고 1980년 3월 29일 제406-2007-000046호

한국어판출판권 © ㈜웅진씽크빅, 2025
ISBN 978-89-01-29345-5 03840

• 웅진지식하우스는 ㈜웅진씽크빅 단행본사업본부의 브랜드입니다.
• 이 책 내용의 전부 또는 일부를 이용하려면 반드시 저작권자와 ㈜웅진씽크빅의 서면 동의를 받아야 합니다.
• 책값은 뒤표지에 있습니다.
• 잘못된 책은 구입하신 곳에서 바꾸어 드립니다.

There Was an Old Woman